蔡壁如

PIRU
TSAI

只有一個人走遠了，變得微小，我們才可以看到他的全身

Alberto Giaconetti

蔡壁如成為立法委員後，國立台北藝術大學副校長邱顯洵為其設計的logo，現在看來，還真是完全體現蔡壁如個人特質，用她的雙腳走出政治一片天。

2020 年 1 月 11 日，民眾黨拿下 158 萬張政黨票，成功把蔡壁如送進立法院。

來自百工百業的素人，此時都還是只是素人，相同的是：都對台灣這塊土地抱持期待，2020 年的大選把這群素人送入立法院，曾經被嘲笑、被玩弄，但是別小看「血滴子」蔡壁如的決心，她說，她最擅長的就是「望聞問切」和把事情做到好的能力，政府官員休想唬弄。

從來不是政治人物的蔡壁如，最擅長的還
走入人群，全台大眾走期間，一度被志工
封為「菜市場殺手」。

這張被網友封為「血滴子風火輪」的照片，也象徵著蔡壁如從政的執行力及行動力。

蔡壁如說：面對生死，我們不能夠怠慢，必須果斷的執行。而且決定不能出錯。這是在葉克膜小組拯救急重症病患所培養出的執行力，帶領市府成為有效率的團隊；未來，在成為立法委員之後，也是以這樣的態度問政，目的是走向執政之路。
15
台灣民眾黨
TAIWAN PEOPLE'S PARTY
#ResetTaiwan
陳安

2020 年 1 月 4 日，這是蔡壁如成為政治人物後的第一場公開演說，正式對大家宣告身為政治素人的她，如何運用在台大醫院擔任葉克膜組長期間養成「解決問題的習慣」。

台灣民眾黨
TAIWAN PEOPLE'S PARTY
政黨票
投台灣民眾黨
我只想爲
下一代做點事
以民眾爲本
台灣民眾黨
請支持
15

來自百工百業的政治素人和志工們，一直是民眾黨最大的後盾。

花蓮七星潭海灘，當時的民眾黨在台灣東部還沒有名氣，說是「大眾走」，其實跟隨的民眾並不多，怎麼辦呢？只好高舉大旗面向大海，自己向自己信心喊話。

全台大眾走的台東站，此時的蔡壁如看起來還有點生澀。

15 全台大眾走 義無反顧向前走

因為沒有多餘的經費做競選廣告，蔡壁如帶領民眾黨和來自全台各地的志工，展開「全台大眾走」的環島活動，用雙腳走過這片土地上的每個縣市與鄉鎮，用雙手感受每一位民眾的溫度。

蔡壁如第一次臉書直播，以親民的「煮飯」為題，希望風格越自然越好。此時的蔡壁如信心滿滿，決定勇敢做自己。

這張蔡壁如笑得燦爛，真的是愈走愈有信心！

這張照片是蔡壁如為了臉書粉專開設第一天拍的，她在上面寫著：工作時，我看起來有點嚴肅、酷酷的，還被市長稱作「血滴子」（苦笑）……不管了，我想讓大家多認識真正的我。

按讚數激增至 5112 個！

只有一個人走遠了
變得渺小
我們才可以
看到他的全身

創立民眾黨第二個月，蔡壁如粉專終於開張，這是她放在粉專的第一張照片，當時只有 196 個讚。

蔡壁如和國立台北藝術大學副校長邱顯洵。

拚，就一定要贏

蔡壁如驚奇人生的14個挑戰

蔡壁如、楊惠蘭——著

推薦序

蔡壁如的斜槓人生

柯文哲（台北市市長）

我常說「偉大的不是俾斯麥，偉大的是普魯士陸軍」，台大醫院的輝煌歷史，也不是幾位明星醫師就能締造的，而是無數無名英雄犧牲歲月，流血流汗，默默堆積起來，在這些無名英雄中，護理人員正是犧牲最多的。台大外科加護病房過去十幾年進步神速，從重症照護，器官移植到全世界前幾名的ＥＣＭＯ，如果說有什麼成就的話，居功最大的是這些「勇猛善戰」的護理師們。

我以前受訪時常開玩笑說，我一生最悲慘的事情，就是「第一個部下叫作蔡壁如」。她就像一台耐操精密的機器，要她執行任務，一定是說一不二、使命必達。當年要她去學操作超音波的技術，她就學起來；要她學裝葉克膜，也裝得比我還快。專注認真是她的特質，但又表現得如此自然，讓我以為每個部下都該像蔡壁如一樣，我花了二十年才知道，也不需要要求每個部下都是蔡壁如。

不過，人生每一個階段都有不同的使命。過去在台大醫院，蔡壁如是一個拚命三郎，隨叫隨到，對加護病房的每一種儀器，都能精準地操作，是外科加護病房醫師最佳幫手，在她身上不會看到戴手錶，沒有裝飾品，沒有上下班時間，樂在工作。

在台北市政府，蔡壁如是最精準的執行者；常常市政會議時間，我都化身為柯教授，用醫學的比喻來和各局處溝通，從癌症治療看政治，用細胞的壞死及凋零來解釋政治改革，我常說改革最大的困難，永遠不是引進新事物，而是如何讓舊有事物，按照時間，有秩序的死亡，蔡壁如是最精準的翻譯蒟蒻。而現在她成為了民眾黨的立法委員，同時需要分擔民眾黨的黨務以及盡到立委的職責，就必須轉型為擅於分析的決策者。這不僅僅是學習新事物，更是斜槓人生角色的轉換。

我一直認為，人並不是天縱英才，而是需要被訓練的。過去蔡壁如一直恰如其分的扮演好自己的角色，現在則是必須面對新的挑戰。民眾黨是個年輕、柔性的政黨，講求廣納百川、多元開放，既非單一的同溫層，更不僅只會聽命行事。這樣的新環境，正是一個良好的訓練機會，也考驗著蔡壁如能否再次突破自己的天花板。

無論在民眾黨、在立法院，當蔡壁如不再是柯文哲意志的延伸時，大家更有興趣的是獨立自主的她想了些什麼、做了些什麼，又看到了些什麼。這本書，不僅描述了蔡壁如的成長歷程，更是專屬蔡壁如的獨特觀察視角。

我常說，人生許多時候都是意外，同時人生是單行道，不容許重來，相信蔡壁如也從沒想過一個貧苦出身的鄉下小孩，在經歷許多人生轉場後，開啟斜槓人生進入立法院。前方的道路雖然可能坎坷崎嶇，但相信她仍然會勇敢無懼、負重前行。往前走就對了！因為，這就是蔡壁如。

—推薦序—

認真、實事求是——這是我所認識的「蔡壁如」

郭台銘（鴻海科技集團創辦人）

當我說出「欣賞蔡壁如」一席話時，包括柯市長在內，很多人都非常地驚訝，畢竟在許多媒體報導和社群討論中，蔡壁如一直是柯文哲團隊中，不是特別討人喜歡的人物，尤其只要是團隊出了什麼事，不少媒體就會把懷疑的眼光轉向她，一副「就是蔡壁如！」的樣子；然而，我與蔡壁如近距離互動後發現，她不會因為對方是誰而調整自己的態度，忠於自我的耿直性格，令我欣賞！

我所認識的蔡壁如是一個責任感重、執行力強、刻苦耐勞、使命必達的人，在我過去經營事業的經驗中，相較於才華洋溢、光芒四射的英才，像蔡壁如這一類，能穩定、堅定地帶領部隊前進，心無旁騖地達成目標，凡事交給她，信任她，事業經營總是能事半功倍，毫無疑問是組織內不可或缺的肱骨之才。

蔡壁如來自屏東，是佃農之女，而我則是出生媽祖廟偏廳的警察之子，我們都有著從無到有、搏拚不懈的精神意志力。過去，我說過，人才主要有「三心」：責任心、上進心、企圖心。蔡壁如能夠負責任地將團隊任務貫徹執行，不論其位總能持續進修學習，從醫院、市府到立院都展現積極進取的企圖心，最重要的是，不論外界如何批評，她總能忠於自我，堅持對的路。

閱讀這本書，對於蔡壁如一步一腳印的努力我感同身受，也感動她做事坦蕩，即使忍辱受謗也要堅持到底的心，期勉閱讀本書的讀者，都能和蔡壁如一樣，找到自己堅持的力量，不受限、不妥協，認真地走出自己的一片天。

—推薦序—

學無止境，事在人為

黃勝堅（台北市立聯合醫院總院長）

蔡壁如委員Line我說她要出書了，希望我幫她寫序。坐在電腦前，回想過去，我已經認識她三十二年了。

醫學院的學生都叫我是「堅叔」，蔡壁如都暱稱我叫「胖師傅」，我稱她是「壁如姊」，但是那時我常跟人家說她是我的「老師」。

當實習醫生（Intern）的第一天，我輪值外科加護病房的夜班，第一個碰到的護理師就是蔡壁如，當時台大外科加護病房尚未分科，總共有二十六床，每天都像在打仗似的。記得當天晚上有位病人快要往生，我人生第一次面對死亡，真的是不知所措。當時值班的住院醫師學長們忙著急救其他床的病人，蔡壁如就帶著我照顧病人與陪伴家屬，直到病人心臟停止。她告訴我學長們正在忙其他的事情，你雖然是實習醫師，但必須要負起「醫師」的責任：「陪伴病人與家屬，並宣布病人死亡的事實。」回想起來，我常常告訴學生什麼是「陪伴」的重要，應該就是那個時候心中所種下的種子吧！

在加護病房的一個月中，除了從外科老師、學長身上學到許多東西外，教我最多的就是壁如姊，一個月以後，我輪調到其他的外科病房，才知道蔡壁如從美和護專畢業沒幾年，心裡想：「這護理師怎麼這麼厲害！」

我當主治醫師後的第一年，蔡壁如已經是台大醫院葉克膜小組的組長，當時我想往腦部超音波的領域發展，問來問去才知道應該去神經內科的超音波室學習，有天在路上碰到壁如姊，問她：「外科有沒有可以執行腦部超音波的機器？」她便帶著我到超音波檢查室，親自教我如何開機、使用不同的電腦模式檢查及辨認重要的腦血管等，一個小時後她說：「好了！我會的全部交給你，剩下的靠你自己了！」我問她你是負責心臟的葉克膜，怎麼會做腦部超音波？她答：「整天都在用超音波檢查，想說有機會就往『上』多學一點，看啊看啊！就看到腦部去了，能學就多學一點吧！」我心想這個人也太好學了吧！

隨著時間累積，我的腦部超音波使用功力也越來越厲害，接著常困擾我的是，想要用超音波卻沒有機器可以用（當時是四個加護病房共用一台超音波）。索性，等大家都下班後，晚上九點、十點，自己推著超音波到處幫病人檢查，有時候在走廊上碰到壁如姊，她問我：「這麼晚還沒回家啊！還自己推著超音波啊？」我回她一句：「你不也是這樣嗎？」兩個人會心一笑，心照不宣地離開了。

接下來的十幾年，加護病房團隊在柯文哲的領導之下，不斷的創新。壁如姊帶領著葉克膜小組，我帶領著腦部重症小組，每次碰到新的難題，例如：「腦部血氧飽和度」、「腦血流的代謝」及「心律與顱內壓訊號」的監測等等，第一個想要請教的人就是壁如姊，我總是可以得到滿意的答案。

有人問我說蔡壁如到了市政府以後，更接近權力中心了，跟以前有什麼不一樣？我的答案是：「還是跟以前一樣的衝、一樣的努力。」

這本書描述蔡壁如委員在人生不同階段中的十四個挑戰，我想應該能給許多年輕人很好的啟發與激勵。她的故事從護專畢業、外科病房護理師、葉克膜之母乃至於立法委員，再再都說明一件事情，只要不怕困難、願意努力，「事在人為」。這本書所寫的就是最好的典範。

—推薦序—

不忘初心的蔡壁如

陳益祥（台大醫院心臟外科主任）

認識壁如是從她在加護病房第一線的護理師開始，我在葉克膜草創時期，自己摸索如何去組裝及灌注、排氣，再教給壁如，經過幾次操練後，她不只組裝速度及完整性比我迅速確實，還會被她虧我動作太慢。更厲害的是她進一步改善其原有設計，並將其規格化，也使國際大廠為小小的台大醫院做一套專屬的套包，且同時持續使用了十數年。她的「學習能力」與「劍及履及」的執行力，的確有其過人之處。我常常鼓勵台大葉克膜團隊不用在意以前的不足，蔡壁如的厲害不在於她懂多少，是在她肯低下身段去「學」、去「嘗試」、去「了解」，不論是否是你的專業，是否和你有關，因為不知道什麼時候你會用得到。

她對問題的抽絲剝繭，有其獨到之處，可以很有系統性且迅速分析出可能的癥結所在，這些都是在加護病房中經年累月訓練得來的成果。在最短的有限時間內，解決眼前的困境，同時又要冷靜分析是否有系統性之缺陷造成眼前的困境，設計另一「防呆」機制，來降低再發生之可能。這些也再再可以從台北市政府之行政見其痕跡。

她在台大加護病房時，就看出來她是一位很好的協調者。有時柯醫師（市長）和我講的「中文」不是很好理解，護理師或住院醫師往往聽不懂，這個時候常常需要壁如的「翻譯」。我想這也是柯市長一直信賴她的原因。她是站在「人」（病人及醫護人員）的觀點看事情，不像醫師們是以「病情」觀點看待，她會協助醫護人員了解我們的想法，也協助家屬理解，更重要的是她無私的心，只想為團隊解決問題。她常常講大家都喜歡乾淨的廁所環境，但是那些成果不是自然存在，一定要有人掃廁所。所以我常常形容她一向十分接「地氣」，講的是人聽得懂的「人話」，現在蔡委員更走向群眾，緊握每一雙期待的手，我相信她有可能改變台灣的政治環境。

她的成長歷程，更是台灣民主多元的見證，無權無勢，卻可以走入國會殿堂，以專業贏得尊敬。看著她一次次的活動及演說，更感受她仍然不忘初心，堅持「善良」之心靈深處，在我們日常的生活裡，也在政治上維持公平與正義。

—推薦序—

我所認識的蔡姊

蔡宗雄（台北市文化局長）

在印象中最早知道蔡姊是在二〇一四年的四月，在電視上看到北檢為了MG149帳戶案傳喚指控蔡姊可能是內鬼，同時報導有不具名台大教授出面切割此事，表示該帳戶絕非台大歷史共業，而是蔡姊及柯市長的私帳。面對檢方詢問柯市長是否私吞帳戶款項，蔡姊嚴正捍衛，表示絕對不會私用或領出該筆金錢，回應誠實而且直球對決，「快、狠、準」就是我對傳說中「血滴子」的第一印象。

第二次印象是在電視上，二〇一五年一月柯文哲當選台北市長，第一個部下叫「蔡壁如」，電視畫面上，蔡姊市府報到第一天，打開大包小包，竟然是辦公室用的文具。蔡姊敢於直說、做事精準、勇敢跨出長期耕耘的護理專業領域，跳tone的接下市長辦公室主任一職。

隨即二〇一五年七月，我進入了台北市商業處，在台北市各特色商圈的走讀行程中，才真正接觸了蔡姊本人，在過程中，經常見識到她與商圈理事長們的熟識與互動熱絡；蔡姊對於百工百業的專業永遠抱持著好奇心，她總保持著高度專注，然後試著了解不熟悉的專業，哪怕是做鈕扣或是批發零售、餐飲業，她都會想要弄懂。每個踏查行程都能親力親為，而當每個排練環節結束、攝影機及燈光上場，活動正式開始後，她就會退到舞台後方，在幕後督軍控台，直到結束時她總會一一握手感謝每個參與的工作人員，直到確認沒有人被遺漏。總是用雙腳走動式的管理，用雙手給人溫暖，好幾次在活動結束後，我看著她忙裡忙外的善後到最後，然後又在擁擠的捷運上看見她的背影。

早期進市府跟市長相處總得透過蔡姊這台翻譯機來溝通，才能懂市長指令。經常市政會議瞬間會變成柯教授的教室，最常見的就是把醫學系的科學知識及實驗驗證，融入社會、政治、生活哲學之中，市長曾舉例，Necrosis 和 Apoptosis 雖然都有死亡的意思，但 Necrosis 是有發炎症狀的潰爛，反之 Apoptosis 是逐漸的凋萎，是一種自然凋零轉化、演化再生的意義，這些引用經過蔡姊助教翻譯，我才能理解市長想表達的關鍵，這一門課才算真正的學到。

這些年相處的過程，我總能從蔡姊身上得到滿滿的正能量，蔡姊忠誠相待、勇於直言，雖然經常得罪人，但也因此獲得相處時無法替代的信任關係；她總是嘗試換位思考並且將心比心，傾聽式的溝通，並以同理心理解每一個人存在的差異，同時也堅持著多元共存、共融社會的普世價值，隨著二〇一九年底蔡姊離開市府，從素人從政正式走入政治殿堂，在目前政治環境充滿各種險惡與利誘的情況下，希望突破小黨的現實困境，寫下素人問政的歷史，然而這本書只是個開始，而台灣的改變，也仍在進行式當中；寫在書裡真實的十四個經驗分享，推薦給共同珍視自由民主，關心台灣主權意識，即使被討厭也能勇於承擔面對挑戰的人。希望這本書是個觸媒，讓有心為台灣、為自己、為後代生存環境一起努力打拚的人，願意共創光榮的未來，把這份光與熱分享到更有意義的地方。

目錄

在政治領導上，微妙的關係在於政治位階，也會連結到素人不習慣的政治黑暗面，看不到的比看得到的更關鍵，有很大的潛規則。一樣是召集一群人完成一項任務，不熟悉「政治位階」很容易成為箭靶，一個新人，往往在這裡吃了很大的虧，而且還無處可訴。

拚，就一定要贏的群眾戰略

錢！對素人而言，是選舉最困難的事，即使再少的錢，都要去募集，如何打這場戰？基本的經費是需要的，而經費的募集，卻是最困難的。素人參政風潮興起，選舉的門檻會愈來愈低，但再怎麼低，也還是個「檻」！

每樣都要進步一點點

什麼叫「每樣都進步一點點」？在柯文哲的葉克膜團隊叫「〇．九理論」，就是說，理論上每個人在崗位上都應該把自己的一分做好，甚至做到一．一分，每個人都做好的自己的一分，如果可以再多做一點，做到一．一分以上，這樣相乘起來，就會讓醫學更進步！對蔡壁如來說，政治上的精準和效率也是源自台大醫院時期凡事SOP的訓練。

這是素人特質。她是護理師，尤其是重症急診室，聽更多的是病人家屬的諒解與不諒解，在生死交關的時候，很容易變成惡毒的言語，而作為第一線的護理師，讓她這種傾聽的能量被無限升級。

第一章

任務來臨時
就算是刀子也接住

自認這一局沒有角色的她，

卻被柯視為最後一根救命稻草，為什麼？

當大家都在慶功的時候，她選擇在辦公室接電話；

眾人散去，她到現場收拾善後，

直到天快亮請工作人員吃早餐後，

才騎著 Ubike、踏著晨光回到自己的家。

舞台上不一定要有我

二〇一八年十月底，一個從未有過任何選舉經驗的政治素人蔡壁如，在台北市長柯文哲競選連任民調失利、軍心大亂的情況下，臨危受命，接下選舉操盤手的任務，二個星期後，柯文哲以〇．二三％、三千二百五十四票的差距驚險過關！

自認這一局沒有角色的她，卻被柯文哲視爲最後一根救命稻草，爲什麼？

當大家都在慶功的時候，她選擇在辦公室接電話；眾人散去，她到現場收拾善後，直到天快亮請工作人員吃早餐後，才騎著Ubike、踏著晨光回到自己的家。

她是蔡壁如，一個來自屏東鄉下、台大加護病房護理師出身的五年級生，自從遇到柯文哲之後，她的人生出現好幾道斜槓：護理師／資訊工程師／台北市政府顧問／立法委員。

更重要的是，她是危機處理高手。向來隱身幕後的蔡壁如，經常接到來自柯文哲的任務，特別在出現危機的時候，她的選擇是：直球對決！不躲避，直接跳到第一線，就算是刀子來了，也照樣接住！

二〇一八年底的那場台北市長選舉創下台灣民主史上最長開票紀錄，直到凌晨二點三十九分，勝負分出，四四南村開票主舞台現場，鎂光燈聚焦在柯文哲、佩琪醫師、柯爸、柯媽和競選幹部身上，現場數萬名支持者熱血沸騰著，「阿北回來了！」歡呼聲此起彼落。

但同一時間，事件主角之一：蔡壁如沒有站上舞台接受歡呼，她選擇在辦公室收拾、當起接線生，一個、一個回答那些打電話來恭喜的人；等到舞台現場人都走得差不多的時候，她再過去跟搭舞台的廠商把該給的錢結一結、收拾椅子……。

開票結果是好的，但「等待」卻是漫長且煎熬的，時隔二年，已經是民眾黨不分區立法委員的蔡壁如回想那一夜，娓娓道來的過程，只見她一貫平靜的口吻，沒有掩飾、沒有驕傲，你來問我什麼、我就告訴你什麼，即便是在訴說「驚悚」的開票等待過程，也是如此。

二〇一八年十一月二十四日驚悚的開票夜

二〇一八年十一月二十四日下午，台北市長選舉投完票，開始驚悚的一夜！

在等候開票結果的過程，整個市長辦公室的氣氛是凝重的，除了拿著便當來回踱步的柯文哲市長之外，佩琪醫師、柯爸、柯媽，還有我和幾個選舉的核心幕僚都沒有說話，就這樣，一直盯著電視機螢幕上跳動的票數，我甚至聽得見自己的心跳聲。

一開始還小小的領先，都在伯仲之間，理論上應該晚上七、八點可以開完票，但就在那個時候，輸贏之間產生逆轉，對手贏我們四、五百票，柯市長拿著便當來回踱步的頻率有些零亂。

從些微差距到票數開始逆轉，大家的臉色更凝重了，只是望著電視機，空氣幾乎停滯，瀰漫一股失敗的味道，柯市長碎唸著：「啊，選不上，我就回去當醫生吧。」我說：「看開票跟信念沒什麼關係吧！」我知道這時候的「信念」對選舉結果產生不了什麼影響，但我認為這是必要的信心喊話。

到晚上十點多，我們又倒回來小贏了二、三百票，但是當時還有很多票箱沒有開出來，一直在凝重的過程當中，其實那個時候票應該是開完了，只因為票數很接近，工作人員不太敢報上來。

大概凌晨十二點半過後，各地方彙報上來的結果是，我們大概贏了二千多票，我就跟市長說，好！可以到現場去了。他說：「票還沒有開完……。」

的確，票數十分接近，所以同一時間也傳來競選對手丁守中陣營，要求要重新「一票一票」的檢查，幾個票匭開票的速度就更慢了，但我們知道，柯市長贏了，就請所有人都到四四南村現場去，大家都去了之後，大概凌晨一點半快二點，柯市長也過去現場（當時已經確定市長贏了三千多票）。

我沒有跟著去，因為我覺得那個舞台上沒有我可以站的地方，我不知道要站在哪裡，也不習慣那樣的場合，因為這次的選舉一開始，其實是沒有我的角色在裡面。

二〇一八年三月，柯市長開始籌組選舉團隊，一直到七、八月才有競選辦公室，當時柯市長對我的定位，是個「不會選舉的人」，我也認為自己沒有選舉經驗，所以，在這一局裡，沒有我的角色，我最多就是協調柯市長和他選舉行程的安排。

所以大家都到現場去要接受訪問的時候，我認為我是幕僚，不需要站到舞台上，那個不是我應該站的地方，在我的認知裡，幕僚就是應該在幕後，這是我當時的信念，所以我從頭到尾都沒有去。

沒有舞台現場的我，就留在辦公室，確定勝選後，也接到很多打來恭喜的電話，回覆整理完那些資料後，大概是凌晨一點半吧，現場大約在三點慢慢開始散場，等人都散得差不多了，我才過去現場，主要是為了感謝這些志工。

因為當時搭舞台，理論上大夥應該是只需要工作到晚上十點，結果工作人員自願加班，一直到清晨三點才結束。我先到捷運出口去問，還有沒有捷運，確保散場的人都有捷運可以回家，接下來就跟工作人員一個、一個去說謝謝，志工也還在現場幫忙，我們邊聊天邊拆舞台，收拾東西到四點半多，我就說請大家吃早餐，統統到復興南路上的清粥小菜集合，有些還走不開的工作人員，我就帶一些豆漿油條回去給他們吃，一直到早上六點多我才回家。

被認為不是「選舉咖」，是因為二〇一四年那次的市長選舉，我從頭到尾都沒有參與，所以柯市長「認為」我不會選舉，在尋求第二次市長連任的選戰中，自然也沒有想到找我參加，我依然是台北市府的顧問，過著一般公務員的日子。

直到選舉投票前二個星期，競爭對手丟出「柯文哲取消台北市敬老津貼一千五百元」的議題，開始在輿論發酵，我們的民調慘遭逆轉，瞬時間竟然落後！柯市長向來自詡，可讓台北市老人福利施政規劃更完善，此時反而成為競選連任的「阿基里斯腱」，整個競選團隊陷入「毫無章法」的情境，多頭馬車的情況下各自慌亂，怎麼說都說不清楚。

千里奔襲、走入市場、直球對決

當下我直覺「競選」必須改變策略，市長也認為都到最後這十天了，應該「千里奔襲」。所以我們決定走到市場，直球對決，不躲避問題，直接跳到第一線，回應台北市民的疑問。當時民調是輸的，但大家瞞著柯市長，主要還是不想打擊士氣，雖說是要「改變策略」，但其實我沒有策略，反正就是勤走基層，先把台北市大大小小的街都掃一遍再說。

通常我都會比柯市長提早三十分鐘到掃街現場準備，比我還要早到現場的竟然是一群老人家，當然，他們不是來歡迎我們的，他們是來抗議「被取消」的一千五百元老人津貼。

一次、二次之後我發現，這些老人家怎麼都是同一批面孔？去內湖也是他們，西門町也是，照面打得多了，也都熟了，我就問：「老先生，你昨天不是來過嗎？」他發現被我認出了，也就不好意思帶頭喊「柯文哲下台」，就默默的退了回去……。

我從來沒有參與過選戰，也從來不曾站在第一線和抗議的群眾溝通，第一次面對推擠、叫喊的現場，現場的警察還出來維護我；不可否認，我有些緊張，但想一想，這些老人家應該真的有些事情想和柯市長溝通，只是情緒激動了些。

短暫整理一下自己緊張的心情之後，拿出在醫院當護理師跟家屬溝通的本領，我必須用很簡單的話，讓老人家知道柯市長並不是真的取消老人津貼，而是用更有效率的方式，讓福利更完善，但還是有老人家聽不進去，不管怎樣，就是要抗議，而且在我面前的「抗議」，只是預演，等柯市長到現場的時候，還會正式再來一遍。我說要請老人家吃早餐，他們也不願意，就是執意要等柯市長。

老人家其實也沒有拉白布條，只是拿一些文宣品，像是手舉牌之類的，但我心想老人家怎麼會做手舉牌？背後是不是有人刻意做給他們，要他們在柯市長掃街的時候拿出來？我不知道真實的原因是什麼，就是覺得不對勁。

我們還去了萬華龍山寺掃街，去之前很多人勸我們不要去，因為那邊的街友都不是台北人，又沒有選票，但後來我們還是決定前往，因為我們堅持一定要掃完台北市的每一個市場街道，用完全的誠意來溝通，讓市民有感。

最後衝刺階段，每天早上天沒亮就出門，先為柯市長的掃街打點行程，面對抗議就傾聽、就溝通；接觸到更多的是支持的面孔和聲音，這給我們很大的精神力量，否則每天天沒亮就出門、天快亮才回家的競選節奏，真不是一般人受得了的。

選戰打到最後一周了，民調似乎還是不穩，要不要去上館長的節目來拉抬聲量，作最後一搏？成為競選團隊很頭痛的問題，因為館長在網路上的爭議性很大，幾乎大家都反對，兩派人馬為此爭論不休，最後決定去的埋由是：把市長的聲量拉起來，聲量是拉起來了，但那個聲量是負評還是好評？到現在，我還不知道。

現在問我，當時接下的任務是不是一把刀？我不知道，但可以確定的是，就算再來一次，我還是會勇敢接下來！

第二章

成長這件事
只要有趣，再忙也不會累

因為完成任務帶來的成就感，

造就了今天兩袖清風、

物質欲望極低的蔡壁如！

她從小就知道，

要在最短的時間內完成交到手上的任務。

CHAPTER

在貧瘠環境之中的生存之必要條件：專注

因爲從小家境就很拮据，蔡壁如充分體驗，在貧瘠環境之中的生存之必要條件——專注。

從小的以物易物，清晨二點半就要起床然後忙碌一整天的生活模式，爲了能糊口，蔡壁如小小年紀就要懂得，如何在最短的時間內完成交到手上的任務，她必須很專注，因爲這樣的專注，她沒有時間去理會大伯母的輕蔑、在母親萬念俱灰帶著她要去自殺的時候，她只看到天邊的彩虹。

一個年僅七歲的小女孩很難想像現實生活給大人帶來的磨難，更別說和「惡靈」、「死亡」聯結在一起，因爲在那個年代，農家人只能靠天吃飯，一旦老天不賞飯吃，眞的沒有翻身的機會。

什麼都可以換的年代，田裡抓到的土虱可以換芒果回來、青菜、蘿蔔、玉米都可以換得到，光是和大自然對抗求生存都來不及了，日出而作、日落而息的屏東鄉下生活，當時的全台大戒嚴像是和這裡無關，因爲忙得要死啊！

當大家都一樣窮的時候，沒什麼好比較的，就單純的快樂吧！把每一件事情都當作有趣的事去做，一天下來，從天未亮開始一直到天黑，可以做的事，可多著呢！因爲沒有太多外在的訊息，可以有更多的樂趣，就連下大雨的户外上課，都成了意外的驚喜。既然有趣，又怎麼會累？哪還有時間去埋怨老天不公平？

蔡璧如的父親是家裡最小的兒子，生了父親不到三個月，爺爺就死了，上面的哥哥除了大哥之外，都被日本人徵召去南洋當兵，奶奶認爲這個小兒子是生來剋全家的，所以父親從小就靠自己，他認爲小孩也應該是如此，更何況蔡璧如只是個在傳統重男輕女家庭裡生下的早產兒。

不被看好的早產小女兒，就算最會讀書、就算是當時村子裡能考上第一志願的孩子，仍然被要求只能去讀護專，因爲讀護專可以早畢業、習得一技之長，早賺錢、養家。

很多時候，在別人看來很艱苦的生活時刻、和大伯父一家人共同住在四合院的時候，就算因爲太窮、因爲寄人籬下，飽受大伯母輕蔑的眼光，蔡璧如還是能甘之如飴。

爲什麼？蔡璧如笑著說，就是太忙了，哪有時間去想、去感受，光是解決眼下生存的問題，都沒時間了。但是，眞正的滿足，是在有了自己的新家之後，那個家是蔡璧如一家人一直住的地方，不曾再搬過。也因爲有了自己的家、有了自己的空間可以任意的看書，蔡璧如突然發現，農村之外，還有另一個世界等著自己去探索。

現在台灣正大力推廣母語運動，若把時間倒回到五〇年代，當時講台語竟然要罰錢。蔡璧如驚覺歷史實在令人玩味，或許是從小要靠抓土虱換晚餐，長大後，更能享受完成任務帶來的成就感，造就了今天兩袖清風、物質欲望極低的蔡璧如。

快樂與否，和有錢沒錢沒關係

從小，我就喜歡上學，只有上學的那段時間，我可以只要顧到自己就好、我可以只要學習就好，不但可以專心學習，還有很多現在小朋友想都想不到的樂趣！我們可以在榕樹下上課、還可以玩在胸前掛一塊「我要講國語」的牌子，到處找同學講話的遊戲，現在想起來，那個畫面都還是彩色而且充滿歡笑聲的！

像我們這種四、五、六年級生，共同擁有的兒時記憶就是「殺朱拔毛、反共抗俄」！然後在學校裡「不能講台語」，如果不小心講了一句台語，就要被罰一角還是五毛，但是我們全村的人，不管大人還是小孩，都只會講台語啊！那時候罰我們錢的老師們，講國語應該也是講得很痛苦吧。

對於全村都很窮而且還只會講台語的孩子們，動不動就會被罰，又沒有那麼多錢，怎麼辦？父母也會心疼啊，為什麼我的孩子只是沒有講國語就要被罰錢？最重要的是因為根本繳不出錢啊。

對於爸媽繳不繳得出那一角還是五毛的罰款，孩子們可能沒什麼感覺，但是在那個物質貧瘠的年代，學校再多的教條，樂天的小朋友都能想出可以盡情遊戲的好辦法：自己做一塊「我要講國語」的牌子，只要發現誰講台語，就把那塊牌子給他戴上，戴上「我要講國語」牌子的同學，一到下課時間就必須一直找人講話，因為只要有機會講話，就可能可以把牌子戴到不小心講台語的同學的身上，才能跟老師說「老師，我沒有整天都講台語喔」，免除被罰的噩運！哈！鄉下孩子就是可以想出這麼好玩的遊戲。

現在少子化已經變成國安問題，但這個對於出生在戰後嬰兒潮時期的我來說，是很不可思議的，那時候的我們，學校的小朋友，人數可多著呢，多到連教室和老師都不夠用了。

民國三十八年國民政府來台，剛好到五〇年代有很多孩子出生，一下子生出這麼多孩子，學校基本是不夠的，所以，那時候的學生必須輪流使用教室，只有隔天才有教室可以上課，沒有教室可用的時候，一個班級四、五十個學生就全部坐在教室外面榕樹的榕樹根上上課，有兩個同學會去把黑板抬出來，等於每隔一天就有一場室外教學在榕樹下展開，只有遇到下雨天的時候，老師才會宣布當天不用上課。

我們也會等雨停，南部常有西北雨，我們常常只上半天課，甚至一整天都沒有上課，老師就會叫小朋友趕快回家。因為外婆家就在學校旁邊，每次因為下雨不用上課的日子，我都會到外婆家，但不是去玩，也沒有外婆的零食可以吃，去外婆家是因為要去「以物易物」，每位舅舅的小孩們，都會輪著跟我們換食物！

媽媽其實不喜歡我們去外婆家，因為外婆很重男輕女，媽媽是在重男輕女的情況下嫁給我爸爸的，每次經過外婆和舅舅家，外婆也不會叫我們，好像我們是不相干的村人一樣。我跟外婆也一點都不親，但我們和舅舅的孩子們很好，舅媽也會問我們：「妳家有什麼？去換一些來。」我和他們的感情是「以物易物」培養出來的。

以物易物的年代，對抗大自然的生存之道

因為南部地廣，從小我們就會在家裡旁邊的水溝種出可以吃的蔬菜；為了吃飽、為了生存，我們從小就懂得和大自然共存、以物易物這件事，對我們來說是再自然不過的事情。

我們會去種菜、種芒果、種龍眼，但我們不會去種花，因為在當時，花不是經濟作物，不能吃更不實際。農村是務實的，為了吃飽、為了生活，院子裡只能種可以吃得飽的、可以換更多食物回來的作物。屏東不是很多蓮霧嗎？但傳統農家不會去種蓮霧，因為蓮霧的形狀在底部有個肚臍，那是會漏財的，所以農人的家裡頭是不能種蓮霧的，蓮霧只能種在田裡，這是五〇年代屏東縣鹽埔鄉我們家小時候的生活樣貌。

那個年代的鄉下和現在很不一樣，很窮但也很有趣。說很窮，是因為我們沒有什麼

現金，要滿足生活上食衣住行的需要，大多得靠「以物易物」，把家裡有的食物，去換別人家裡的食物；從小，我就沒有錢的概念，但是我知道從田裡抓回來的土虱，可以換到多少玉米回來。

特別是下過西北雨之後，爸爸就會帶著我和姊姊去溪邊抓土虱，我們家鹽埔靠近山地門，那裡有一條溪，溪附近的魚塭養了不少的魚，大雨後溪水暴漲，魚塭裡的魚就會到處流竄，爸爸知道去哪裡可以抓到土虱，但是因為土虱很滑，我從小就很怕那種冰冰冷冷、滑滑的東西，更何況要我赤腳踩在又濕又滑的爛泥裡頭，還要用手去抓滑不溜丟的土虱，每次都會嚇得吱吱叫。這是我小時候最大的記憶，現在想起來都還心有餘悸，那種毫無溫度、讓人起雞皮疙瘩的冰涼。

為了解決我的害怕、降低我的恐懼感，爸爸給我麻布袋做的手套和橡膠雨鞋，我可以不用直接接觸那駭人的冰涼，有了麻布手套和橡膠雨鞋，可以專心的抓土虱，我知道只有盡可能的把爛泥裡的土虱抓回家，晚上的餐桌上的菜會更豐富一些，我們才能吃得飽。

別以為抓了很多土虱，我們就可以吃到美味的土虱或是各種土虱料理，沒有的事！這些土虱是要拿去換別的食物，我媽會叫我拿土虱去和誰誰換什麼東西回來，我們的晚餐就是這樣交換來的。如果交換有剩下的土虱，我們也不能吃，因為爸爸第二天要拿到大市場去賣錢，雖然我很會抓土虱，但是還真沒吃過土虱料理呢。

不能吃土虱，那我們有什麼蛋白質的來源？蛇！尤其是下過雨之後，鄉下會有很多蛇，很肥的叫做草蛇，是沒有毒的，小時候我們一家人和大伯一家人一起住在四合院，有一個大庭院。小時候殺蛇都是在那個大庭院裡殺，我很害怕殺蛇這件事，這是我小時候最討厭的事情，因為我就是很怕蛇，它不但冷冰冰，還會攻擊人，更小的時候，在田裡我可以因為看到蛇就暈倒。

但是日子還是要過啊，於是我學會打草驚蛇這招，只要去田裡，我就會帶一根樹枝，如果路邊撿不到樹枝，我就爬到樹上去折一根下來，為了「驚蛇」，我必須很會爬樹、必須看準哪一根樹枝可以折、可以使用，這就是我小時候的生存之道。以物換物是我的生活方式，為了生活，就必須和大自然對抗，忙著「以物易物」的我，沒有任何社交活動。因為我幾乎每天的清晨二點半就要起床，清晨三點，媽媽就會帶著姊姊和我一起到田裡採小黃瓜、蕃茄，採了還要分級打包，再一籠一籠的放上車，這樣才來得及趕早上六點多，我爸開著他的小發財車去屏東的拍賣市場賣，這樣家裡才有錢可以買衣服、繳學費讓孩子去上學。

但我也不會因為在上學前還要摸黑早起到田裡工作而感到自卑或不快樂，因為全村「均貧」，大家都一樣窮啊。每一家的小孩子都沒鞋子穿，不管是上學前還是放學後，一律光著腳ㄚ子在大自然中奔跑，跑在大自然裡又必須跟大自然對抗，為了生存，沒得比較什麼快樂不快樂、誰比較有錢的事情，大家都一樣。

最近幾年全球最快樂的國家是不丹，看著不丹這個國家的照片、那裡的小孩都打著赤腳的時候，我就想：那不就是我小的時候的樣子嗎？就算握緊雙手，什麼都沒有，也不需要為未來憂慮，只是快樂的奔跑著。

小時候我就懂得利用屏東滿山滿谷的芒果青，去醃製做酸仔青（情人果）。還有一種野生的蔬菜，只要西北雨下過後就會長得很快，就在產業道路的兩旁源源不絕的長出來，叫「黑甜菜」，下過雨的傍晚抓完土虱之後，還要趕去摘菜，回到家裡，還要幫正在農忙的媽媽打掃庭院和洗衣服、曬衣服。所以你可以想像，我小時候的生活真的很忙碌，從早忙到晚的那種一刻不得閒，這種從小就養成的忙碌習慣，一直到現在，我從農村進了國會殿堂、當了立法委員，不曾改變。

兄弟分家，只分到一頭水牛

小時候，我爸爸是家裡最小的小孩，和大伯相差十六歲，爸爸覺得他一輩子就是「艱苦人」，他出生三個月的時候，我爺爺就死了，奶奶認定他就是來剋死父母的。爸爸小的時候，還是日本殖民時期，第二次世界大戰，日本在台灣抓了很多年輕人到南洋為日本天皇打仗，那時候除了大伯因為年紀太大、爸爸年紀太小之外，上面的三個哥哥都被送到南洋打仗，就再也沒有回來過，所以，我奶奶就更深信，我爸爸是來剋她的丈夫和其他兒子的。

奶奶的家是四合院，我大伯是有讀書的，讀到高中學歷，但父親從小被奶奶認為是不祥的小孩，所以爸爸沒有唸書，也讓爸爸從小就認為，生活就是要完全靠自己，要靠自己長大，沒有人會去照顧他，因為他上面的三個兄長都不在，大哥又大自己十六歲，他必須自己為了「能活下去」和環境對抗。

父親和母親有孩子之後，正好遇上國民政府來台灣實施三七五減租、耕者有其田的政策，讓父親從佃農身份，到一個擁有自己三甲地的人，可以拿來種水稻和香蕉，也剛好夠當時的生活所需。

但是農家要看天吃飯這件事情，對父親而言，是很磨練心志的事，常常會因為天氣的關係，只要一場颱風就會讓農作物全部毀於一旦。農閒的時候，父親會用他從我大伯那裡分到的唯一財產：一頭水牛，去幫別人家耕種、去犁田，打零工。

等待作物熟成的時候，父母就去外面打零工，以前和大伯一家人一起住在四合院，除了上學前的農忙和放學後的以物易物之外，晚餐時間，姊姊還要負責煮飯、我負責四合院的打掃和收衣服。農家的家事都是女孩子在做，即便是懷孕即將臨盆的媽媽，也照樣抱著還不會走路的姊姊做家事。

結果姊姊腳一踢，就把我從媽媽的肚子裡踢出來，我成了早產兒，因為早產，所以我是家裡唯一在屏東醫院出生的孩子。在那個時空背景下，早產生出來的女孩，對夫家來說，是有壓力的，所以媽媽在我出生的第三天就把我留在醫院，自己一個人回家，直接下田工作，完全不像剛剛生過的產婦。其實媽媽當初並不想要我這個早產女兒，後來還是外婆到醫院去把我撿回來，才有了今天的我。

經歷過才知道生命的美好……

小的時候有一次颱風後，媽媽騎著腳踏車載著我，停在香蕉園前，看著滿園因颱風倒下的香蕉樹，媽媽沒有講一句話，望著滿地的香蕉，看了好久好久……，然後眼淚一直流、一直流，我也不懂為什麼，只記得媽媽一直站著不動，一直站到傍晚。現在回想起來，颱風掃過、雨停之後，天邊出現了七彩彩虹，我望著天邊的彩虹發呆，只記得當時的天空好美好美，大自然真的很奧妙啊。

我也跟著媽媽就這樣一直站著發呆，只是媽媽看到的是倒了一地的香蕉、而我看的是天邊美妙的彩虹；直到太陽要下山了，我拉拉媽媽的衣角問：「我肚子餓了，要不要回家煮飯了？」媽媽才又載著我騎上腳踏車，騎著騎著又騎到水圳邊，圳溝的水流因為大雨過後十分湍急，媽媽盯著從山裡挾帶著黃泥巴圳溝的大水，我不知道看在媽媽眼裡的大水是怎樣，但從我眼裡看到的大水，是有如萬馬奔騰，好壯觀，當時的我很難跟下一個階段的「死亡」聯想在一起。

媽媽並沒有聽到我的呼喚，我也不知道究竟站了多久，一直到鄰居和大姑把媽媽和我團團圍住，大姑拿著路邊撿來的樹枝就一直打我媽，一直打、一直打，邊打邊罵「夭壽喔，妳這女人，要死自己去死，幹嘛還帶著一個小孩跟妳死，了然喔……」大我二歲的姊姊牽著我和弟弟的手一直哭，我也不懂為什麼這些大人要一直打我媽。

後來我才知道，那時候的人認為一定要用打的方式，才能把「惡靈」趕走，一定是因為被「惡靈」附身了，才會想要去跳溪，所以要把媽媽打醒，否則大家走了之後，媽媽一定還會再去跳溪。

其實，媽媽就是萬念俱灰，這是我慢慢長大之後才知道的事。原來爸爸有一段時間因為小孩的學費問題，要買衣服、要買鞋子，對兩夫妻來說，是一個很大的負擔，尤其是遇到天災，農作全部毀於一旦，當時因為生活的壓力，爸爸竟然迷上了賭博！

爸爸想，這是一本萬利的事，一旦贏了，全家人都可以脫離貧窮，過上好的生活，但是一場颱風，什麼都沒有了，連可能翻身的本都沒有。在那個年代，我們只能靠天吃飯，一旦老天不賞飯吃，我們真的沒有翻身的機會，所以爸爸賭博欠了賭債、媽媽因為一場天災而感到萬念俱灰。

但也因為媽媽有了攜女自殺的紀錄後，爸爸突然就不賭了！一個人跑去台東（後山）種釋迦，一去就是一整年，這是爸爸戒賭的方式，否則他無法脫離賭博，留媽媽一個人在家種田。後來覺得媽媽好聰明，用這種方式逼爸爸戒賭。就像爸爸在六十歲那年，被媽媽用另一種方式讓他戒菸一樣，對一個從十來歲就開始抽菸的人來說，可以在六十多歲突然就不抽了，這真的是很厲害。

這就是我的媽媽，她一輩子就這兩件事讓我嘆為觀止：讓爸爸戒賭又戒菸！爸爸的菸怎麼戒的？是被媽媽用打的打到戒掉。爸爸因為腰痛去看醫生，媽媽說一定是因為抽菸抽的，邊打就邊罵：「再抽菸啊，就是抽菸抽太多，才會腰痛。」（站在專業的護理角度，我要說，其實腰痛跟抽菸一點關係也沒有）。爸爸就這樣把菸戒掉了，二十幾年下來，不曾再抽！

其實，我的個性承襲了媽媽的認命和不認輸，還有爸爸的「決心」，但又有些不同。媽媽牽著我要自殺的當下，她看到的是「絕望」，而我的眼裡只有彩虹和嘆為觀止的大水，雖然環境很苦，但我感受到的是卻是「希望」。

有自己的家，終於可以選擇自己的路！

爸爸也因為一個人離鄉背井到後山種釋迦，種了二、三年之後，我們家終於有錢，可以買自己的四合院了。我還記得那天剛放學，騎著腳踏車回家，回到家的第一件事，就是去廚房找東西吃，可是，家裡空空如也，廚房本來就很空了，灶上連炒菜的鍋都沒了，院裡養的那頭我一直照顧得好好的、我還要負責幫牠們洗澡的豬和牛，也沒了。

小學五年級的我，又再騎上腳踏車到對面大姑的家去問：「阿姑，我阿爸和阿母呢？」大姑說：「你們今天搬新家，妳爸、妳阿母沒叫妳喔？」後來陸陸續續我姊也騎著腳踏車回來了，我的兩個弟弟也跑回來了，我們四姊弟就在大姑家的院子裡玩起來，直到傍晚吃晚飯前，才看到媽媽騎著腳踏車來接我們回新家。

知道有了新家，我們好開心，高興的原因是，終於脫離大伯母了，因為以前和大伯住在一起的時候，伯母總是會嘲笑我們家窮、看不起爸爸沒有讀書、每天種田弄得灰頭土臉。雖然對於大伯母的嘲笑和不友善，是我很小很小的時候就有感受到的，但因為每天要忙著向大自然討生存，必須很專注在當下，包括帶著二個弟弟到旁邊台糖的甘蔗田「撿小玉」，因為台糖地很大啊，必須很專注。要在一望無際的休耕甘蔗田中「撿小玉」，必須盯著目標（地上的小玉西瓜）快速抵達，才能在天黑前完成任務，就這樣一直跑、一直跑，根本沒有時間唉聲嘆氣，可能也是這樣，很多時候，在別人看來很艱苦的生活時刻，我反而能甘之如飴。

那個新家我們住到現在，不曾搬過，一分多的地，大概二百九十八坪的大小，一樣有一個大大的四合院，可以專門用來曬穀的大稻埕，還有一塊空地種了七、八棵芒果樹，旁邊還種了很多蔬菜。

我是在這個屬於自己的家，度過青春期的，如果要說青春期的叛逆，那就是不管再怎麼多的農忙和家事，我都一定堅持要有自己一個空間、一個可以單獨讀書的空間，因為只有在那個空間裡，我才感到真正的自由。

傳統鄉下重男輕女是很普遍的觀念，小年夜不是要大掃除嗎？負責大掃除的一定都是女生，我還記得有一次我想要把神桌上的香灰清一清，小小年紀的我，好不容易爬上神桌，正要清香爐裡的香灰的時候，媽媽一個竹條就把我打下來，當時我心裡還想：是不是我的動作太慢了，啊，那我再快一點好了。沒想到還是被打下來，原來，女孩子是不可以動神桌上的東西的！

在嚴重的重男輕女觀念下，連神桌都不能碰的女孩子，又有什麼資格去念書呢？雖然我考上屏東女中，也是村子裡唯一考上第一志願的孩子，媽媽也不讓我去讀，還好爸爸認為不管男孩、女孩都應該有一技之長，用一個折衷的方式，讓我去就讀美和護專，可以早點畢業、早點賺錢。為了不讓家裡有負擔，我都拿獎學金，幾乎沒有用到家裡什麼錢。

後來，我發現學校裡頭有個圖書館，那我是到護專之後才知道，原來有這麼個地方可以看這麼多書！所有可以想像到的書，都是那時候看的。對我而言，那是個全新的世界！

每到中午，我就會帶著便當到圖書館。通常我的便當，是姊姊和弟弟都帶完之後，才輪到我，輪到我的時候就只有白飯配花生，一方面是不想讓同學看到我只有白飯配花生的便當，但另一方面，也因為有書可以看，讓我在吃飯的時候特別快樂，所以從小我的物質欲望就特別低，一直到現在都是如此。

那時候的我，整個人沉浸在書海當中，在學校看不完的書，就借回家關在房間裡看，為了不讓媽媽或弟弟來吵，我還用毛筆沾油漆在玻璃上寫著「請敲門」，因為那是屬於我自己的時間，不可以來打擾，那是我的世界。我幾乎看完圖書館裡所有的書，可以跟著書的內容神遊到世界各地，甚至歐洲城堡的愛情故事，像是《咆哮山莊》、《基督山恩仇記》、《簡愛》、《小婦人》，我開始幻想，只要逃離那個家，我的世界會不同。

那是我的叛逆和獨立，所以，當我從美和護專畢業後，就決定到台北工作。媽媽說我就是因為讀太多書，才不願意回家，但我心裡清楚，我是因為想要有更寬廣的世界，才會迫不及待的來到台北，但那時候的我，並不曉得日後竟會走上政治這條路。

第三章

學習
像初生之犢一樣的好奇

這結果，不在蔡壁如原本計畫裡面，

一切只因為老闆的交待，必須達成，不會怎麼辦？

去學啊！夜以繼日的學習新知，

讓蔡壁如驚覺：成長，竟然是如此的快樂！

從小護理師到葉克膜之母，蔡壁如在台大的工作時期

擁有一顆想求好的心，然後從好奇到好學，加上想知道，如何可以完整的把病人資料建入資料庫，原本只是護理專業護理師的蔡壁如，自己去學資料庫的建置、又去念資訊管理碩士班，這一切，只爲把事情做好而已！

二十年前，蔡壁如所有新的技能、新的知識，包括資料庫的建立，都是從圖書館開始的，自己學習、摸索，不懂就去上課，再學習，學中做、做中學，網路資訊甚至已經成爲蔡壁如在護理師之外的第二專長！

當時的台大醫生，每個人都要把自己經手的病歷資料輸入同一台電腦，程序很麻煩，爲了能跟程式工程師對話，蔡壁如去念資訊管理碩士班，讓台大醫院外科加護病房葉克膜小組，每個人都可以用自己的電腦把病歷資料存進去。多達二千筆

的葉克膜病例資料及急性腎衰竭資料庫，就這樣一筆一筆因爲蔡壁如被完整記錄下來，成爲亞洲最大、最完整的資料庫。

ECMO手冊從初版的「翻譯者」角色，到二版時，已經成爲和柯文哲並列的「作者」；從一個小小護理師到聞名全球的台大葉克膜小組組長。這結果，不在蔡壁如原本計畫裡面，一切只因爲老闆的交待，必須達成。不會怎麼辦？去學啊！夜以繼日的學習新知，讓蔡壁如驚覺：成長，竟然是如此的快樂！

葉克膜小組眞的是一個刺激又辛苦的工作，常常突然就會有急診室打電話來說，要去看病人，必須對這樣工作有高度熱忱和願意奉獻的人才能做得久，要不斷去想：有什麼新的治療方法的話，是不是可以救活這個病人？

但病人的求生意志往往是成敗關鍵。蔡壁如也遇見過，爲了要和別的小朋友一樣過正常的生活，想試試自己不打胰島素看會怎樣的年輕病患。醫療團隊爲了醫治他絞盡腦汁，但病患卻在過完十八歲慶生會後，踢掉管子放棄自己，令人不勝唏噓。

加護病房日誌：護理師也可以寫出電腦程式

自從考上美和護專、接觸浩瀚書海之後，我的內心暗暗下了決定：畢業之後一定要離開屏東，我要去台北看看這個世界！正好台大醫院在招考護理師，所以我的第一份工作是在台大醫院外科普通病房開始的。

每天做的事情都一樣，住院、開刀、出院，然後做衛教，工作的內容沒有變化。只待了一年半的時間，看到外科加護病房在招考，心想，去試試看吧！還記得那是民國七十六年，要進入外科加護病房是要報名的，還要受訓，考試及格之後才能進外科加護病房工作，程序相當嚴謹。

進了加護病房，民國八十三年開始做葉克膜，我從護理部的護理師被調去醫療部成為葉克膜小組的一員，我問了調動的條件，得知不用再輪班，心裡想，還不錯可以不用輪班，結果跟著柯醫師跑了一個月，才知道根本沒有上下班的分別，當然不用輪班！

這是我第一次跟著柯醫師工作，沒想到這個緣份一結就到今天。他不但嚴厲，要求更多，因為我是護理師，所以要負責將所有葉克膜的病歷建檔，當時的病歷建檔可沒今天這麼方便，都是單機作業。什麼叫「單機作業」？就是所有的病歷都只能存放在一台電腦裡面，但整個葉克膜小組有六個人，六個人共用一台電腦實在很不方便。

而且柯醫師還要求把每個病歷當「個案」處理，也就是說，每一病歷都要有檢討報告，要讓這麼多的資料全部建檔，還要讓每個小組成員都很方便隨時使用，如果只靠單機作業根本不方便。於是我想，如果有一套程式可以方便每個人在不同的時間、地點隨時、隨地存取，應該會更好吧，所以我就自己去台大計算機中心，從最簡單的Office課程開始學習。

我們都知道Excel可以做簡單的加減乘除，但它還可以「開根號和查詢」就不多人知道了。為了能將每一筆葉克膜的檢討報告的資料彙整起來，當時的我利用單機版Access軟體寫了一版葉克膜資料庫，叫做「ECMO98」中文叫做「愛摸98」。有了這個資料庫之後，我們建好的病歷檔案，不但可以被醫生拿來做病歷研究、年度統計，還可以滿足團隊寫論文的需求，但後來又因為資料太過龐大，當病歷資料超過二百筆的時候，這個版本的資料庫已經不夠用了。

病歷一直增加啊，怎麼辦？這已經不是我一個人可以完成的事了，為解決複雜的資料庫，團隊聘請專業的網路工程師來，為了能和工程師討論資料庫的需求和對話，還是得繼續學習網路版的資料庫程式撰寫，此時，網路資訊的學習，變成我的第二專長，我已經不是單純的護理師了。

也因為這段的學習與努力，葉克膜團隊小組的每一成員，都可以用自己的電腦把經手的病歷建檔輸入資料庫。目前，台大醫院葉克膜資料庫及急性腎衰竭資料庫應該是亞洲最大，最完整的資料庫。可以提供臨床專業醫師作研究，寫論文，作報告。

到離開台大醫院進到市政府之前，已累積到二千筆葉克膜病歷。同時期也和腎臟內科合作，建立了亞洲第一個急性腎衰竭資料庫。

為了重症病人去學超音波

當年重症病患的運送是一件危險的事，即使現在也是。但是，在加護病房的重症病患，還是常常有「搬離加護病房到超音波檢查室做超音波」的需求，被外派到美國明尼蘇達大學醫學院外科學習一年的柯醫師，出國前就要我在國內好好學習，當時，他給我兩個任務：學習超音波技術，以及去腎臟內科血液透析室接受血液透析訓練。

當年，外科部朱樹勳主任買了一台心臟超音波機器，柯醫師希望我好好學習超音波機器的操作，外科加護病房有屬於重症病患的超音波機器及專門技術人員，這樣病患就可以免於移動的危險。除了拿到超音波技術員的執照之外，當年，在加護病房裡，重症病患常因疾病進程發展成急性腎衰竭，經常束手無策，病患常因電解質不平衡而發生悲劇去世。

於是外科部主任問我，有沒有辦法自己從國外的研究論文中，發展出加護病房的連續性血液灌流的技術？又接到新的任務！我又去學習和考試，在受訓考得執照後，發現這是一門需要很精細的技術操作，特別是對於重症患者，必須是持續二十四小時的進行與觀察，也難怪洗腎室的醫師及護理師，聽到要到加護病房作血液透析，就會有很多理由不參與，所以我就自己來！

幾年之後，我常開玩笑說，自己應該是全亞洲最會血液透析及血液灌流，可以幫助重症病患度過急性腎衰竭，平安進入恢復期階段的護理師。

當時的我徹底感受到在外科加護病房，總有學習不完的學問及技能，而這樣的我，竟然超級開心。

我的名言即是：工作即生活，生活即工作，樂在工作。我花很多的時間在學習，不論是網路技術或臨床上的各式技能，一直到現在，都在學習各式各樣的學問。

病人好了，所有的累都消失

每天面對的病人都是處於「最危急」的狀態，因為每天面對的都是「不確定」，可能同時有二至四個葉克膜的病人要照顧，還有要血液透析或血液灌流的病人，這些是可以預期得到的，就去做、做、做，把事情做完，但是呢，常常工作到一半，突然就接到急診室打電話來說：請到急診來看一下病人。

不管急診或加護病房，等到把一個病人都搞定，那是五、六個小時之後，甚至七、八個小時之後的事，因為要把病人從鬼門關救回來，要花很多時間，常常一忙忙到晚上，忙到夜班的人來跟你交接班，都還沒有忙完，因為還要花時間寫報告、記錄，才能去交接。

葉克膜小組真的是一個刺激又辛苦的工作，要找一個對這樣工作有高度熱忱和願意奉獻的人，才能做得久。

我想要求好、好學，喜歡挑戰，在挑戰的過程中，「不小心」把病人救起來了，出現成就感，進入一個良性的循環裡頭。雖然很累，但是看到病人好了，所有的累就都不是累。

過程中，有可以救起來或是救不起來的病人，透過每一次的檢討報告，來看這病人的診斷是什麼，針對診斷內容開始找paper。二〇〇〇年以後就慢慢不用再拿著影印卡去圖書館影印資料，我們可以隨時上網搜尋想要的paper，也常常反省，如果有什麼新的治療方法的話，是不是可以救活這個病人。

因為想要「更好」，我繼續學習，學做心臟超音波、做穿顱超音波，還有胸腔超音波、腹部超音波，甚至是四肢血流的超音波，全身的超音波我都會做，因為有需求，就會去學習，去考超音波技術人員的執照。

曾經有病人用了葉克膜，生命跡象也都很平穩，有一天病人的主治醫師來看他，說他的心臟功能已經慢慢恢復了，是不是可以把葉克膜拔掉了？好喔，我們來看一下心臟功能、做一下藥物調整，感覺上是可以了，我們就計畫性的第二天來拔葉克膜。

接著，他的主治醫師說，因為病人都給麻醉藥讓他睡覺，病人家屬反應都沒有辦法跟病人對話，我說：「因為用葉克膜會很痛，我們不是給他麻醉，而是給他鎮靜，讓他一直處於睡眠當中。」主治醫師應家屬要求說：「是不是可以不要讓他一直用鎮靜劑？病人應該會乖乖的。」

家屬很堅持拜託把鎮靜劑停掉，我問為什麼，他說，現在把他的鎮靜劑停掉，到晚上七點到九點家屬會客時間，讓病人醒過來，家屬可以有一次對話的機會。

由於主治醫師專業判斷這樣的處置不會有問題，當下我們就沒有多說，護理師只能遵從醫囑，病人鎮靜劑停用之後，大約二至三個小時就會醒來。晚上七點的時候，家屬進來會客，病人看到家屬非常激動。要知道，葉克膜的管子是很粗的，插在身上，病人很激動就踢，管子就從身體滑脫出來，然後，很快，令人措手不及的時間內，病人就沒了心跳血壓，為什麼？因為葉克膜的管子是「每分鐘」二〇〇〇~三〇〇〇cc的血液的進出，管子就插在鼠蹊部，病人腳一直踢，管子很自然就會掉出來。

有時候我們覺得人生無常，但何苦呢？何苦急著和病人對話，病人一激動，就手揮、腳揮，全身都顫抖，管子就被踢出來了，這麼大量的血液進出，短短的時間內，不到三十秒，我們輸血都來不及，病人因為躁動，導致管路滑脫，失血過多，走了……。

我在開刀房看過很多血，都是可以控制的，但那個現場，是我看過最驚悚的現場，當場就有一個護理師嚇到昏過去。但因為聽說是家屬要求停用鎮靜劑的，所以，造成這樣的結果，家屬無話可說。

那是我們葉克膜剛開始運作的前二、三年的事情，距離現在也已經有二十年的時間了。當時因為沒有太多相關的經驗，主治醫師也是第一次遇到，就同意家屬的要求，才會造成這樣的結果。那是我生平第一次遇到的「命案」現場，所以說，加護病房是個非常高壓的工作環境，能夠在加護病房工作超過十年的真沒幾個，那個嚇到昏倒的護理師，沒多久就離職了。

發生這樣的事，我相信對現場的每個人都會是一輩子的陰影。

十八歲拒打胰島素的糖尿病病患

後來，又有一件類似的事情發生。是一個十八歲的高中生，糖尿病第一型的病人，先天胰島素分泌失調，不是因為後天生活習慣導致的糖尿病，以當年的技術，就一定要打胰島素（其實，現在還是一樣要打胰島素，特別是第一型的病人）。

他從小就知道自己跟其他小朋友不一樣，出遠門都要帶著胰島素，到了高中，正是叛逆的時候，據他自己說，他有長達一學期的時間，沒有打胰島素，就為了要和別的小朋友一樣，過正常的生活，想試試自己不打胰島素看會怎樣，就用飲食來控制。

但血糖忽高忽低，如果沒有控制好，就很容易被感染，因為血液裡頭的醣如果太高，身體的代謝就會出問題，影響到新陳代謝，會容易被感染。細菌很喜歡有醣的環境，它們喜歡很甜，只要很甜，就會立刻黏上去。

我印象很深刻，這位小朋友一開始是因為肺炎被送到臺安醫院，因為太久沒有打胰島素，他的血糖控制真的太糟，小朋友感染的症狀整個完全失控，後來肺部就愈來愈嚴重，臺安醫院就 call 我們去，我看到的第一眼，腦子就像電影星際迷航裡的機器人「百科」一樣，遇到特殊情形，腦袋就會自動跑訊息出來。

當下，我的腦袋立刻浮出的是：第一型糖尿病患者／十八歲／感染／預後不好。這個孩子是第一型糖尿病患者。

臺安醫院都打電話來要我們過去裝葉克膜了，我和王醫師過去了，第一次見到這孩子和他的父親。他的父親是一位牧師，看到我們就說：「謝謝你們的到來，願上帝多給這個孩子一點點時間，他還年輕不懂事，就拜託兩位了。」這位牧師父親異常的冷靜，讓我印象非常深刻。

遇到這麼冷靜的父親，我們也只能快點幫小朋友裝上葉克膜，坐上救護車趕快送回台大，讓他住在加護病房。我每天去看他，牧師爸爸也在會客時間每天都來，然後一遍又一遍的唸聖經。一天一天下來，小朋友的情形愈來愈好。

大概裝了葉克膜一個月之後，我們都覺得他好多了，因為葉克膜是一台很大的機器，我們就想，是不是可以用比較小的儀器取代。重點是患者的肺已經恢復得差不多，氧氣沒問題，但二氧化碳排不出來，葉克膜是提供氧氣的，但現在是二氧化碳的問題。

柯醫師透過網路搜尋引擎，找到幾篇 AVCO2-R 的 paper，我們三個人就一起研究起 AVCO2-R，看完之後，陳醫師就說，可以！這個機器很適合用在這個小朋友身上。耗材有了，就開始研究要怎麼把它裝到病人身上。

會客時間，柯醫師和陳醫師，兩個大醫師加上我這個小護理師，我們三個人咚咚咚走到病人的面前，牧師父親進來會客，陳醫師就跟牧師爸爸解釋，我們打算幫小朋友換一個機器取代現在使用的葉克膜，然後說：「如果同意要裝的話，你的小孩將會是我們第一個這麼做的病人，所以我們要讓你了解，並且簽同意書。」

牧師父親的祈禱，三個人都聽不懂

我跟柯醫師就站在那，聽他跟牧師父親解釋為什麼要換一台更小的機器，陳醫師講著講著，牧師爸爸就把聖經放下來說：「上帝啊，請原諒他們，他們不知道他們自己在做什麼！」

聽得我們三個面面相覷，好像我們真的「不知道自己在做什麼」，陳醫師就問我們：「現在是怎樣？」我只好硬著頭皮問：「牧師爸爸，你是對我們的機器不了解？還是我們的解釋不夠清楚嗎？」這位牧師父親就說：「沒有，我剛剛已經跟上帝說了，我們願意去裝這個機器。」

聽完，我們三個相視而笑，都鬆了一口氣，這是一個我過了一、二十年都還會記得的場景，一個牧師父親說了一段我們三個人都聽不懂的話。但家屬願意，我們就把手術同意書跟牧師爸爸說清楚。

醫師說過一遍，我又再把同意書的條文，一條一條用白話的方式解釋給家屬聽，又說，如果有疑問就要趕快問喔。其實，有時候開刀就是因為別無選擇，但我還是會一條一條的解釋清楚，直到家屬都聽懂了，這就是為什麼我們的醫療糾紛比較少的原因。

重點來了，裝了新的機器之後，小朋友的情況的確也變好了，但不知為何，我腦袋裡的百科又出現了：第一型糖尿病患／血糖控制不好／感染／預後不好。

新的機器裝了之後，二氧化碳可以排出來，各項指標也變好，但病情卻是好好壞壞，似乎逃不過那個「預後不好」，病情變差後，我們又換回葉克膜機器。有一個星期六的下午，那天是我好不容易休假的日子，我接到牧師父親的電話，問我晚上有沒有在醫院，我說，怎麼了嗎？牧師父親說，晚上是小朋友十八歲生日，想請我過去吃蛋糕，我的直覺反應是：加護病房不可以點蠟燭喔，會爆炸！因為加護病房的氧氣很高，點蠟燭很危險。

我其實有點為難，因為那天好不容易沒有上班，但抵不過他，我說好，晚上七點我會到。還好我去了，我們唱生日快樂歌，小朋友也很清醒，事實上，自從又換回葉克膜的機器之後，小朋友常常是處於清醒的狀態，我們也一直以為他很配合，所以只有到晚上的時候才給他吃鎮靜劑，讓他可以好睡一點、有白天晚上的分別。

唱完生日快樂歌後，牧師父親很熱情的切了一塊蛋糕給我吃，我們都很開心，吃完蛋糕我就回家了。半夜一點，加護病房的護理師打電話給我說：「壁如姊，妳快來！小朋友死了，他用自己的腳把管子踢掉了，他自殺！」

過去的幾個星期以來，這孩子很配合我們的治療，牧師父親也一直唸聖經給他聽，我們都覺得很好，情況是往正面的方向發展，但這孩子在十八歲生日過後，來到晚上睡覺時間，護理師覺得不要打擾他睡眠，把病房的燈調暗，沒想到他會在大家不注意的時間作了這個選擇。

他用自己的另一隻腳去把葉克膜的氧合器上的管子踢掉，雖然這個管子的口徑比較小，但每分鐘也是有幾百cc的血液在進出，流了幾分鐘之後，血壓變低，病人的監視器螢幕就會發出警告聲，當護理師跑過去的時候，已經來不及了。

我騎著摩托車到醫院的時候，柯醫師已經到了，牧師父親也在，還是一直在唸聖經，也沒有怪我們，他覺得那是兒子自己的決擇。我當下是不知所措的，只能站在旁邊把儀器收開，他走過來跟我說：「上帝啊，他做了一個最好的決擇，我們應該要祝福他。」

這孩子因為插了管子，不能講話，我們只能用板子寫字溝通，雖然他只有十八歲，但他一直認為自己過得很辛苦。他看起來好好的，又年輕，也許他「預後會很好」，可這都只是猜測。他的成長過程我們並沒有參與，我不知道第一型的糖尿病帶給他生活上多大的痛苦，我們沒辦法分擔他的苦、也來不及參與他的過去，但我們看到的時候，是看到醫學上的可能性，只是想要去搶救他，我們也知道「預後不好」，但沒想到病人會做這樣的決擇。

第四章

工作態度
無私就沒有做不到的

千萬不要以為「血滴子」蔡壁如真的「人不和」，

不，她的人緣超級好，

在台大醫院，只要蔡壁如出馬，沒有搞不定的事！

為了求好，甚至可以「不擇手段」。

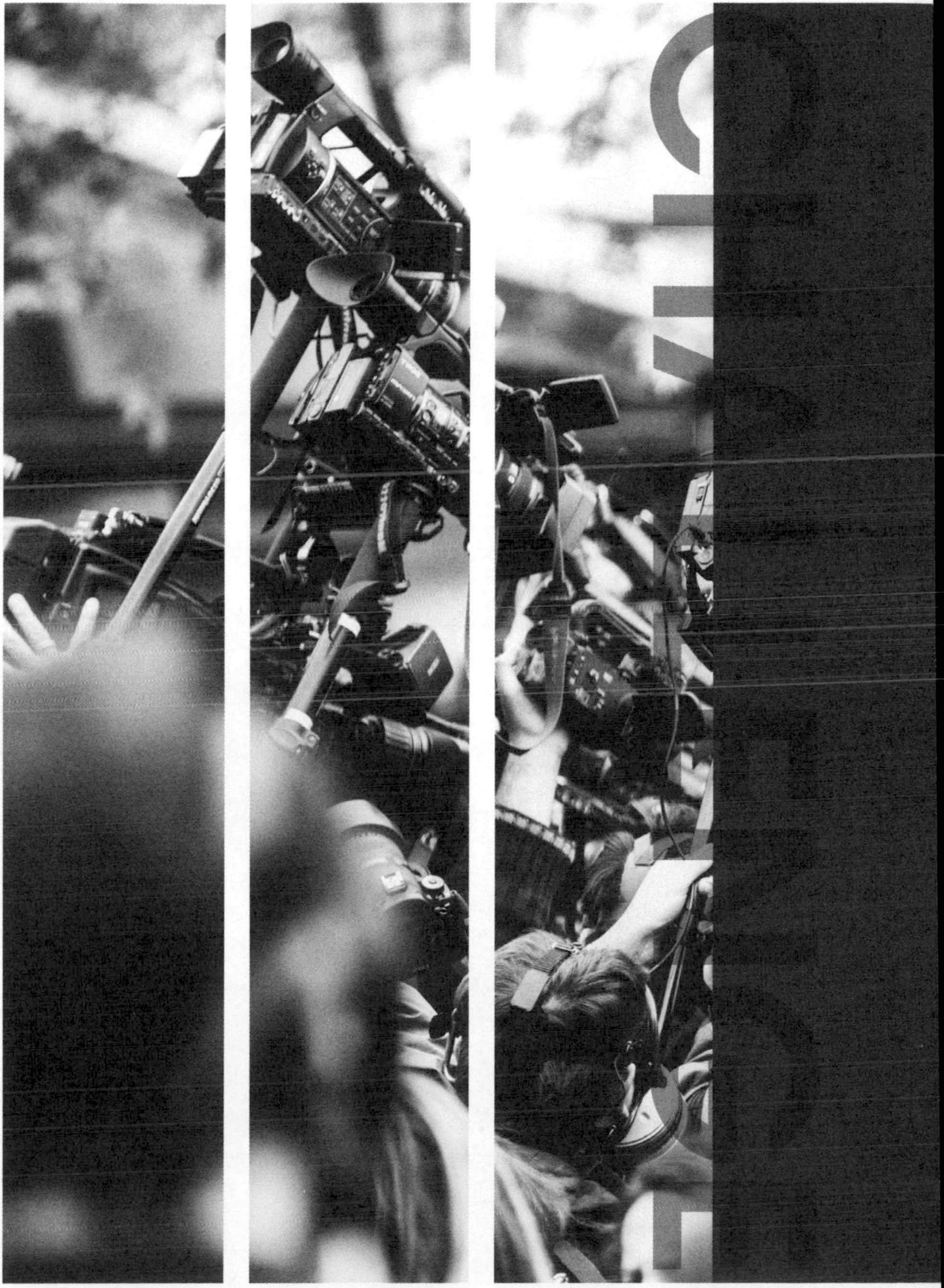

責任心有多大，舞台就有多大。血滴子使命必達

通常護理師就是護理師，排班也好、值班也好，下了班就是下班，下了班，病人的生命就在另一個護理師手上，這似乎很合理。

但看在蔡壁如眼裡，全然不是這個道理。對這個病人負責，只要是病人的事，就沒有不能去闖的關，就沒有借不到的儀器！

因爲始終勇往直前，在醫院的時候，柯醫師就給蔡壁如一個封號：血滴子。然後到了市府的時候逢人就說：「你不知道蔡壁如以前在醫院的外號就叫『血滴子』嗎？」

千萬不要以爲「血滴子」蔡壁如眞的「人不和」。不，她的人緣超級好，在台大醫院，只要蔡壁如出馬，沒有搞不定的事。

爲什麼醫院其它科室願意忍受蔡壁如爲達目的「不擇手段」的行事風格？因爲他們是「利害關係者」。在醫院，爲了病人，蔡壁如可以直接衝撞、理直氣壯，不是因爲她有什麼惡勢力，而是她「無私」，她心裡只有一個想法，只要病人好，她做什麼都可以。包括從一個護理師，變成資管碩士，明明已經可以和舉世聞名的台大葉克膜小組成員平起平坐，爲了病人的「及時」；她可以二話不說，變成幫病人推床的護工阿桑。

當一個人的出發點，不是爲了一己的私利的時候，什麼事情做不到？

和醫院各科室衝突，也要為病人拚命

在醫院的時候，柯醫師就給我一個封號：血滴子。到了市府的時候逢人就說：「你不知道蔡壁如以前在醫院的外號就叫『血滴子』嗎？」

這封號怎麼來的？是因為加護病房「以病人為中心」的這個主軸而來，因為是以「病人為中心」，所以，重症病人的檢查及手術是分秒必爭的，速度決定一切，盡早診斷、盡早治療，對病患盡心盡力，就算重症病患最後沒有救回來，也不會覺得有愧。

對我而言，這是責任感的問題，會一心一意想要把事情做好。認識我的人會知道我沒有戴手錶或是手環、戒指、項鍊之類的裝飾品，應該有三十年的時間不戴手錶了。

因為我們只有上班時間，沒有下班時間，都是責任制。有時候我們很 lucky 啊，一整天下來也沒有葉克膜的病人，不是在庫房做醫材盤點，就是在辦公室整理資料或是看研究報告、學習一些醫學新知。這些都是我們的工作內容，所以，我們只有上班時間，沒有下班時間。

不戴其它裝飾品，是因為加護病房細菌多，手上裝飾品多，容易沾染細菌，我覺得工作最好不要戴那些東西。久而久之就養成這樣的習慣，工作態度就是簡單、有效，特別是在醫療上一定要簡單、有效，所以講的話也要簡單易懂，一定要讓家屬聽得懂，唯有了解治療過程，才可以減少醫療糾紛。

在加護病房常常會接到總醫師或住院醫師的電話，尤其假日，一個電話打來就問：「壁如姊，妳今天有沒有上班？」確認我有上班之後，通常下一句就是：「我這邊有個病例，妳幫我看一下。」

或者內科會來照會說要做血液灌流或是洗肝，看完病歷，我會跟他們討論這個病人應該要先去做什麼檢查，或是電腦斷層、心導管。

有一次我給內科加護病房建議之後，把相關儀器推過去，儀器都推過去了，才發現對方連預定要做的電腦斷層都還沒做。照時間規劃，基本的檢查步驟應該要完成了，當我把儀器推過去的時候，應該就是可以進行治療的時候，但對方竟然什麼都還沒有做！

這對「病人第一」的我而言，很不能接受，我說我要直接打電話去電腦斷層室問，把內科的人嚇到了，他們說：「壁如姊，我們這裡是內科耶……，我們可以等通知啦！」

一般人可能就這樣跟著「等通知」下去，但是長期在柯醫師團隊訓練下來的我，一定要找到「最根本原因」，到底是電腦斷層的「哪個單位」，要我們這樣等？

我直接打電話到電腦斷層室，先報名號說清楚我是內科加護病房哪一床，再問：「為什麼三個小時前就登記要做電腦斷層，到現在還沒有排到？」不管對方給我任何理由，我最後的問題一定是：「那『現在』到底可不可以送病患下去檢查？『現在』送，可以嗎？」

通常只要加上「現在」二個字，我的請求很少被拒絕。

我掛完電話跟那位內科住院醫師說：「唉，我三個小時前跟你討論完病人的病歷，為什麼你一個小時前才送帶子？」他說他忘記了，我很無言，然後又說找不到阿姨送病人到檢查室。

「找不到阿姨送病人，這是問題嗎？」我心中有很大的疑問，就直接脫口而出，逼得內科住院醫師說是因為「沒有人推病床……。」啊！雖然很想白眼給他，但時間緊急，我就擅作主張，自己連同病人和病床一起推去做電腦斷層。

這是我的雞婆個性，我的「血滴子」外號是這麼來的。有些護理師說，我又不是阿桑，為什麼要去推床？對我來講，以病人為中心，只要是對病人好，推個床又有什麼關係，這和其他以自我為中心的科室不一樣，所以如果要說外科加護病房的蔡壁如常常因為搶儀器、插隊做檢查，和別的科室「起衝突」，應該就是這樣來的吧。

遇上「惡勢力」，阻礙自動退散

我推著病床下去電腦斷層室做電腦斷層，裡面的技術人員看到我就說：「壁如姊，今天妳值班喔。」我說：「廢話少說，快做！」就這樣，久而久之，跟每個單位我都很熟，但是一般的邏輯會覺得，要送病人是阿桑的事，他們認為「推床是工友的事」。但是我都會說「我來送、我來送」，送的過程在電梯裡面還可以跟病人的家屬聊天，他們以為我是內科的，我說，我是外科的，有問題找內科的醫師問，然後跟家屬解說等一下我們會做什麼樣的治療，比如說要洗肝，趕快做完治療，早一個小時、半個小時也好，身上的毒素就不會累積，搶時間嘛。因為常常幫病人「搶時間」，其他科室的人就常講「蔡壁如，妳到底是惡勢力還是怎樣？每次都妳優先。」比如說去導管室，沒有人幫忙抬上治療檯，我就先跨上Table然後把病人抬上來，他們就說：「妳那姿勢……。」我說：「快！以病人為中心，我的姿勢好看不好看，不重要。」

久而久之，柯醫師就說我這是惡勢力，遇到蔡壁如「阻礙自動退散」！有時候我很急，比如說外科去導管室（通常都要排隊等候通知），我會嘴甜一點的說：「姐姐，我們這個病人很急啦，妳先讓我們插一台，好不好？」

但是在醫院要搶治病人，誰不急？一開始被拒絕，正常，但我不放棄，繼續「盧」：「那排在我們前面的是誰啊？」其實不管是誰，我一定會說：「拜託啦，加護病房的病人比較急啦，先給我們插隊啦。」「盧」久了，自然是我的！

其實是因為我很熱心，只要有病人在我手上，我就會想盡各種辦法為我的病人做最適當的安排，而且什麼都願意做，不會因為推病人這種吃力的活就不做。面對病人，我不會去分誰該做什麼、誰不該做什麼，只要能做，就一定做到最好。

比如說超音波室，我說我現在要送病人過去，超音波室可不傻，大家都知道蔡壁如不但去學照超音波，在加護病房裡還有一台專屬的儀器，就會問我：「妳那邊不是有一台，不會自己看？」我會說：「我這邊這台機器比較爛，你們的比較好啦。」

又被「盧」！超音波室想說，那妳自己來把儀器推過去，這樣應該可以阻止蔡壁如繼續「盧」了吧，見獵心喜的我，一口答應，立刻狂奔過去大喊一聲：「我推走囉！」只聽到超音波室的人弱弱的說：「你們外科明明也有超音波……。」

目的導向軟硬兼施，血滴子總能擺平各科室

其實同樣是超音波機器，等級也有分，我當然會想用比較高檔的儀器，影像解析度就是不一樣。

比如說去心臟科，我就會說，你看啦，你們那台機器比較好，我會要求主任第二年預算要編一下，我們的差不多該換了。

其實，我就是一個目的導向的人，要完成一件事，不管遇到什麼阻礙也好、困難也罷，遇到問題，我的第一個想法就是「怎麼樣解決問題」。因為這些科室都需要去拜託，為了我的病人好，去拜託一下又怎樣？去推床，更不會是問題，只是我更直接。

所以，柯市長才會跟大家說：蔡壁如「血滴子」耶。因為我在台大醫院二、三十年的時間，和各個科室都熟了，我每次都會說：「啊，我人不和啦，就是強要啦。」

所以，柯醫師每次都說叫蔡壁如去啊，他所謂的「血滴子」就是可以擺平各個科室的意思。當然在台大醫院這麼長的時間，各單位都熟，比如說行政單要去報預算，我每次都說，你們這些坐辦公室的，怎麼會了解我們這些在第一線跑來跑去、跳來跳去，打仗的人真正的需求？

所以，當他們要我去報告預算書，我也是想說，好啦好啦，想到第二年要買新的儀器，就去吧。一台超音波都要七、八百萬的，有時候上千萬，所以還是得去，因為時間很趕，來不及換上白袍，穿著工作服就去報告預算。

每次副院長都說：「蔡壁如，開會的時候，妳可不可以把工作服脫掉？換上白袍再來開會。」通常我會很皮的回副院長：「是！因為我很急，來不及換衣服，下次改進！」面對這麼「皮」的我，副院長也就笑笑的放我一馬，但旁邊的主任就會說：「那是因為她很兇啊，她和柯P兩人都好兇。」我聽到了也會直接問：「喔喔，主任，我聽到了喔，我是到底有多兇？」那個主任就碎碎念：「兇兇兇，好兇！」但也還是接受了這樣的我！

為什麼醫院其它科室願意忍受我為達目的「不擇手段」的行事風格？因為我們是

「利害關係者」。他有求於我，而我也能有效的幫上他們的忙，因為內科總醫師常常三不五時跟我說：「壁如姊，妳加護病房的超音波機器借我。」所以才會忍受我的直接，不然，一般護理師誰理你？

像是有一次內科的總醫師跟我借超音波機器，只要機器是空著，我都會答應，然後，總醫師又說：「那順便借個人。」我懂總醫師的言外之意，他其實是希望我推著超音波去，再去幫他確認病人的病情。

到了內科，總醫師果然要求我跟他一起看一張片子，看看超音波上面看到的那個「點」，究竟是什麼？我一看就知道那個「黑點」其實就是個「贅物」，但總醫師認為不可能，因為這病人沒有任何因為「贅物」產生的症狀。

我說，病人就算沒有任何症狀，這常常發生啊，不然我們現在把病人送去導管室檢查，看看究竟是不是我說的「贅物」。

超音波是從外面看心臟，「導管」是插一根針從心臟內部透過螢幕去觀察，做一個超音波才一千五百元，但光推進導管室做一個導管，因為要放顯影劑，就要一萬五千元，是超音波十倍的價錢，所以通常只有遇到難以判斷的片子，我們才會送導管室檢查，否則很容易造成醫療糾紛或是醫療資源的浪費。

那天就是遇到這樣的情形，醫師說，那是不是兩個檢查都做？我就覺得這根本是浪費醫療資源，明明超音波都看到了，為什麼還要多做一個心導管？

因為爭執不下，內科醫師決定把那張片子，再拿去問問他的老師，也就是內科的主治醫師，雖然主治醫師也說，應該就是那樣，但因為要進行手術，所以還是送去做心導管檢查，果然，最後檢查的結果也跟我的判斷是一樣的，就是個「贅物」。

好吧！有時健保就是這樣浪費掉的，但好像也沒有其他更好的選項，為了病人的確診，似乎也只能如此。

要說我比醫生厲害嗎？其實也不是，這是我一直學習、不斷求好、求進步的結果，我們會討論，再求進步。一次一次的學習下來，確定診斷一次比一次精準，醫生對我就會產生信任，我的一生到目前為止，都在不斷的學習，到目前為止，我所做的工作早已超過當初我在護校學習到的事。所以，我現在可以去外面演講有關葉克膜、血液透析的課程，其實是我不斷學習的結果。人家常說，在學校學的醫學知識，如果沒有持續再進修，通常就是落伍了，醫學新知是逆水行舟，不進則退。

第五章

發現問題
才能超前布署、防微杜漸

問題是：怎麼「發現問題」呢？

尤其面對加護病房病人的時候，

往往一個不小心，原本平穩的情況突然急轉直下。

要能解決突發的緊急狀況，就必須在狀況還沒發生時、

甚至問題還沒產生時，發現可能有問題。

把所有小問題都解決，就沒有大問題

大家都知道，只要超前部署、防微杜漸，一發現小問題，就立刻解決，自然沒有大問題。問題是：怎麼「發現問題」呢？

尤其面對加護病房病人的時候，往往一個不小心，原本平穩的情況突然急轉直下。要能解決突發的緊急狀況，就必須在狀況還沒發生時、甚至問題還沒產生時，先發現可能有問題。

蔡壁如曾經遇過，內科的病人原本以爲抗生素打一打就會好了，可是入加護病房後的第二天，沒好，第三天也沒好，肺部浸潤愈來愈嚴重。蔡壁如不斷思索，醫院是不是少做了哪件事情？

這樣的習慣，源自於與柯文哲的互動。和柯文哲開過會的人就知道，什麼叫智力測驗！光是提出答案還不行，柯文哲會不斷提問，爲什麼形成這樣的答案？做這樣的決定是基於什麼理由？背後的根據是什麼？

這樣的檢討會議，會一直開到找出問題和解決方法爲止！這是一種紮實的訓練，一直到現在，走上從政之路後，蔡壁如還是這樣要求自己和幕僚：在問題產生之前，先發現問題。

殘酷檢討會，找出根本原因

在醫院，只要又有新的超音波機器進來，我就去學習新的知識，一路走來發現有些治療，也許十年前這個不能做、那個不能做，可是十年後，由於科技的進步，醫療儀器愈做愈小、功能愈來愈多，透過不斷的學習，不但有很多新發現，還看到更多的問題。對每一個病人，我們都會檢討，透過什麼樣的治療方式會有更好的效果，我們會去找相關的 paper 和文獻，每個星期在柯醫師的帶領下，我們持續的開檢討會。

所謂的檢討會是很殘酷的，如果病人會活，柯醫師就會問：「為什麼他會活？」我說：「不知道。」他就會說：「笨蛋！怎麼可以說不知道？怎麼可以覺得這個病人就是自然會活？為什麼這個治療會失敗？」有時候我也不知道為什麼會失敗。他會要求下星期再報告一遍，那就要從中間去檢討到底發生了什麼事情，直到把原因找出來為止。

這就是落實「〇．九理論」，如果每個人的績效都打九折，也就是只有〇．九，

○．九一直乘下去後，很快就會趨近於零，表示每個地方都差一點，合起來就完蛋了。因此柯醫師認為「進步需要全面累積」，若每個人都做小小的進步，累積起來就是很大的能量。因此要找出根本原因，防堵任何一個可能產生○．九的機率。

如果病人走了，在檢討會上柯醫師會問，這個病人為什麼失敗？假設這個病就是不可逆，柯醫師又會繼續問，既然他的疾病不可逆，那你為什麼要幫他裝葉克膜？

就這樣，一層又一層的去檢討，討論到很精細的細節，甚至進入到臨床上面，深入評估有效醫療和無效醫療。無效醫療就是，你明知道這個病人就算裝了葉克膜也不會活，可是你為什麼會去裝它？就算多讓這個病人活了二個星期、三個星期，這有意義嗎？究竟為了什麼？

每個病人的背後，都有不同的原因，更可能是家屬要求。如果是家屬要求，那多活下來的這段時間，是不是家屬要自費？必須有醫療資源上的考量。為什麼不自費？倒推回去要檢討這段，你多給他活了這二、三個星期，如果是應家屬要求，但是你從中間又學到什麼？

每個案例，我們都是這樣檢討過來的，每個星期就這樣血淋淋的被轟。

其實這並不是我一進台大就有的習慣，關鍵人物就是柯文哲醫師。他是一個不開刀的外科醫師，他在成為總醫師之前為病人開過刀，後來因為專心在加護病房裡頭，為了看顧每一個病人，他花很多時間在研究病人的病歷，他甚至會進開刀房去看，去看那個醫生是怎麼開，為什麼開出來會變成這樣，他是一個很會找原因的醫師。

這套流程我們叫「RCA：根本原因分析」（Root Cause Analysis，RCA），是針對醫療個案，對流程上相關資料檢討分析，以找出系統上之根本原因，擬定改善對策。這也是我們最擅長的，即便到了台北市政府、立法院，我也每天在寫RCA，每天都在檢討做得好不好、分析哪裡要改進。很多習慣的養成都是在加護病房養成的。

我們是不是少做哪件事？

加護病房裡每天都有人因此活下來，也有人過不了這關，印象最深的是葉克膜第二千例的患者。當時正是H1N1的大流行時間點，病人是個三十多歲的女性，也因為H1N1的關係，感冒住進三重的醫院，有一天病危，醫院打電話來說希望我們台大醫院去幫她裝葉克膜，於是我們帶著葉克膜機器去三重把她接回來。

因為是H1N1造成的感冒，肺部浸潤，看起來肺部都白白的，是內科的病，裝了葉克膜之後，應該是抗生素打一打就會好了，可是入加護病房後的第二天，沒好、第三天也沒好，肺部浸潤愈來愈嚴重……。

我就想，我們是不是少做了哪件事情？

一個三十幾歲的健康女性，應該是既健康、也很年輕，加上用了葉克膜，血氧很好，也看不出心臟功能不好，醫療團隊自然不會去想她的心臟有沒有問題。就這樣，病人的病情多拖了一天，情況不妙，覺得應該再做心臟超音波，而不是只做X光片和電腦斷層，結果一看，天啊，她心臟的瓣膜都壞了，被H1N1的病毒吃光了！

那叫「細菌性心內膜炎」，H1N1病毒除了跑到肺部之外，還跑到心臟去，破壞了心臟瓣膜，所以這位患者的心臟瓣膜關不起來，導致血液逆流回到肺部，又和H1N1的病毒混在一起，所以，她肺部浸潤愈來愈嚴重，原本以為是肺部H1N1的問題，其實不是，是因為心臟的瓣膜出了問題。

醫療團隊就跟家屬說，要換一個心臟瓣膜，家屬一聽，大驚！當初醫院告訴家屬說是因為感冒，重症，為什麼會變成開心臟？家屬不能理解，主治醫師說，事實就是這樣子，又解釋：「的確剛開始是因為H1N1病毒造成的感冒，引起細菌性感染，因為細菌跑到心臟瓣膜，把瓣膜吃掉了，所以，現在要換一個新的瓣膜。」但家屬還是不能接受，就跑回去原來的醫院大吼大叫，為什麼沒有給她正確的診斷？

後來還是進了開刀房換了新的瓣膜，因為患者還年輕，所以一個星期之後葉克膜就拔掉了，住進普通病房。我去病房看她，我在她先生口中成了「要謝謝的人」。

我說，這是運氣好，因為那位患者轉來台大的第二天，醫療團隊覺得不對勁，就去追了心臟超音波來看，看了之後，想幫她做個心導管確定的診斷，才確定了真正的問題是出在瓣膜。

回想一個星期前這位病人家屬還想打醫護人員，家屬想說，肺部感染，怎麼會變成心臟的問題？怎麼會嚴重到要把心臟打開來看？一般人想到這裡，是會害怕的，所以我也能理解家屬的緊張和不安。

因為這位患者是我們葉克膜的第二千例，加上又遇到H1N1，所以對她的印象很深刻，我們還開了記者會向大眾說明來龍去脈。在臨床診斷上，必須隨時想到這樣的診斷結果是不是還會有其它的可能性？因為病人如果沒有裝葉克膜，我們就沒有機會診斷出細菌性心內膜炎，也因為要讓她維持生命，才有機會讓我們去發掘為什麼用了抗生素之後，原本在理論上應該是要變好的情況，反而變得更糟。

這些，都是因為長期以來養成「發現問題」的習慣，我們才有可能「運氣這麼好」，才有可能「覺得不對勁」，進而救人一命！

第六章

職業尊嚴
來自崇高理想，堅守第一線

像蔡壁如這樣一做就是二、三十年的護理人員不多，

從護理師、台北市府顧問到國會議員，

一路走來，蔡壁如最快樂、最感到驕傲的時光，

竟然是在台大醫院加護病房時期。

找到根本原因並加以分析，才會進步

護理工作在台灣向來不是個輕鬆的工作，也很少是年輕人就業的選項，就算進入醫院，成了醫療體系的一環，離職率和流動率也是高的，工時太長、輪值班的隨時待命、壓力太大……都是主因。

像蔡壁如這樣一做就是二、三十年的護理人員不多，從護理師、台北市府顧問到國會議員，一路走來，蔡壁如最快樂、最感到驕傲的時光，竟然是在台大醫院加護病房時期。

一直以來，蔡壁如在醫療上面的養成和訓練上，非常在意RCA「根本原因分析」，進行「根本原因分析」不是爲了糾正或指責誰做錯事，而是爲了避免下一個不幸、避免再被感染不明原因的病毒，這是她在第一線對抗ＳＡＲＳ，所得到的深刻領悟。

抗煞壓力大，連上十天班不敢回家

二〇〇三年爆發SARS的時候，我在台大的外科加護病房，SARS病患通常住在內科加護病房，病毒的感染除了造成肺部的問題，還有併發症，急性腎衰竭，當時內科曾照會我們，去幫病患做一些血液透析，讓我有機會接觸SARS的病患。

當時每次要進入加護病房看病患，都要經過層層的裝備，因為隔離病房分成「前室」和「病房」，所有的穿戴，包括戴口罩、手套、帽子，從隔離衣到腳套，最後還要再套上兔寶寶裝，甚至要戴上護目鏡，都是在「前室」完成，把全身包得密不透風之後，才可以真的進入「病房」。

光是每次的穿戴都要花上至少十分鐘左右，每一次的穿戴都是沉重的壓力，不是因為我們需要穿戴得這麼笨重且層層包裹，而是在面對一個不可知的病毒的心理上的壓力。

和平醫院封院再重開後，我記得當時南部醫院有少數的醫護人員集體離職，不願意再回醫院工作，主要是ＳＡＲＳ期間前前後後，導致十來位的醫護人員不幸殉職，大家在心理上承受了非常大的壓力。

因為在醫院的工作，等於是讓自己暴露在一個危險的環境，如果有鄰居是醫護人員，也會對社區造成很大的壓力，會很害怕醫護人員，把醫院的病毒帶回來，這樣的壓力，只有親身經歷過的人才能體會。

我記得當時台大醫院，收治了第一個從大陸回來的台商之後，也陸續有幾位病人轉急診室，後來也爆發群聚感染，必須封閉急診室，進行大規模的消毒，當時所有急診室的醫護人員，都必須被隔離，加護病房工作者是高危險群，也要自我隔離十四天，我們是被監控的一群，每天要固定量體溫，自我健康管理。

當時我的孩子還小，心裡也很擔心，怕不小心就把病菌帶回家感染到小孩子，我們幾位年輕的媽媽，就會跟同事調度班表，一上就是連續七天或十天的班，因為我們不敢隨便回家，就直接睡在醫院的值班室，減少把病毒、病菌帶回家的機會。

要交接班或回家的時候，一定從頭到腳全部洗乾淨，因為穿戴那些隔離衣帽、外套口罩密不透風一整天下來，一定是被汗水濕透全身，除了心理上的壓力外，還有身體也是非常的疲憊，交班之後如果沒有回家，一定是乖乖待在宿舍或值班室，哪裡都不敢去。

當時的醫護人員真的非常辛苦，醫院裡只要病人一發燒，最辛苦的就是感染科，當時的感染科主任就是張上淳，所有發燒的病人都是往他們那裡送，他們接觸的病人最多，壓力也最大。

SARS之後，台灣在公共衛生的防疫有了很大的進步，每一次的事件，都是我們在這個事件中學到了什麼的機會，在面對未知的新興傳染病，特別是公共衛生的SOP又會再次進步，也把傳染病的衛教再一次帶給每一個國人，SARS之後，我們還歷經了非洲豬瘟、腸病毒、H1N1、H5N1、H7N9幾次的衛教下來，在面對共同衛生的議題時，我們的國人的配合度已經非常的高。

所以，並不是這次面對新冠肺炎疫情時，政府的防疫工作做得有多好，而是這十幾年來我們國人的配合度就是這麼高，像是政府一聲令下，要大家在搭公車、捷運的時候都要戴口罩，就全部都戴上了，有這麼配合政府政策的國民，防疫怎麼能不做好？

這次防疫做得這麼好，真正的英雄是台灣全國老百姓，十多年下來的衛生教育已經深植人心，勤洗手、戴口罩、不要亂摸眼耳鼻，都已經是十多年來教育的養成。

台灣的醫療水準會這麼強，除了健全的健保制度外，還有一個重要的原因就是我們有非常高水準的醫護人員，二〇〇三年SARS發生的時候，政府從來沒有下令說醫護人員不准出國，我們就是很自然而然的認為，國家需要你，非萬不得已，根本就不會隨便出國。

我們的醫護人員是用很崇高的職業理想堅守在第一線，SARS的時候，我看到和我一起工作的同事染病、被送到加護病房，我們去探病，看到他插管痛苦的樣子，至今令我印象深刻。

就在醫護人員也因為染病受苦的同時，醫院還是要檢討醫護人員為什麼染病？為什麼沒把自己保護好？是不是哪個環節沒做好？我們都會做這樣的檢討，因為在幫病人做一些侵入性治療時，會需要有近距離的接觸，這的確會增加染病的風險。

我們如何把風險降低？程序是哪裡出了問題，看到自己的同事都住院了、住加護病房、都插管了，我們還是會去檢討流程，專業檢討不是為了究責，而是為避免下一個醫護人員被感染的可能性、是為了下一次可以更好，找到SOP到底是哪個環節出了問題。

一直以來我們在醫療上面的養成和訓練，讓我們非常在意RCA，也就是「根本原因分析」，寫根本原因分析不是為了糾正或指責誰做錯事，而是為了避免下一個不幸、避免再被感染不明原因的病毒。

SARS，是英文字母的縮寫，S是嚴重的、A是急性、R是呼吸道，S是症候群，所以SARS的全名是「嚴重的急性呼吸道症候群」，是被定義為「嚴重的且急性的」所以死亡率很高，大家會覺得很恐慌。

新冠肺炎不一樣，是介於SARS和流感之間，病症沒有SARS那麼嚴重、也沒有那麼急，但是這次政府用的是圍堵的方式，降低社交活動，久了，對經濟的發展會產生問題。

有次坐在高鐵上還收到細胞簡訊，景點不能去、餐廳也關了好多家，甚至五十年、三十年老字號餐廳也躲不過，原來以為外送行業會大為興盛，結果也沒有，台灣第三大外送平台「戶戶送」，這家來自英國的外送平台，也突然宣布關閉台灣市場。

這件事情可以好好觀察，在全球大鎖國的情形下，供應鍊會斷嗎？台灣糧食的儲備率，夠嗎？台灣稻米的最大進口來源是越南，但越南宣布鎖國，台灣的稻米存糧只能再撐四個月，庫存占消費量比只有三十二％，但理論上應該維持在四十％；此外，台灣幾乎不生產雜糧，如果不從國外進口，這些用來飼養牛、豬、羊、雞隻的雜糧會不會受影響，值得好好觀察研究。

疫情，帶給人類的，當然是個災難，不同於一九九八年金融海嘯、二〇〇〇年的科技泡沫、二〇〇八年的次貸風暴，是因為金融影響到經濟發展；這次看起來是全面性的，每個人都逃不過，像是進入了世界級的戰役，而我們面對的敵人是肉眼看不到的病毒。這也就是這次疫情，造成全面性恐慌的最大原因。

SARS發生的時候，當時有十多名醫護人員因為逃離職場，被輿論攻擊得很嚴重，但是我們能怪他們嗎？當然無法，這雖然是人性黑暗的一面，但我不忍苛責，相反的，我認為，應該對那些面對危險仍堅守崗位的醫護人員，給予最高的敬意。

第七章

領導之道
除了專業更要摸清潛規則

在政治領導上，微妙的關係在於政治位階，

也會連結到素人不習慣的政治黑暗面，

看不到的比看得到的更關鍵，有很大的潛規則。

一樣是召集一群人完成一項任務，

不熟悉「政治位階」很容易成為箭靶，

一個新人，往往在這裡吃了很大的虧，而且還無處可訴。

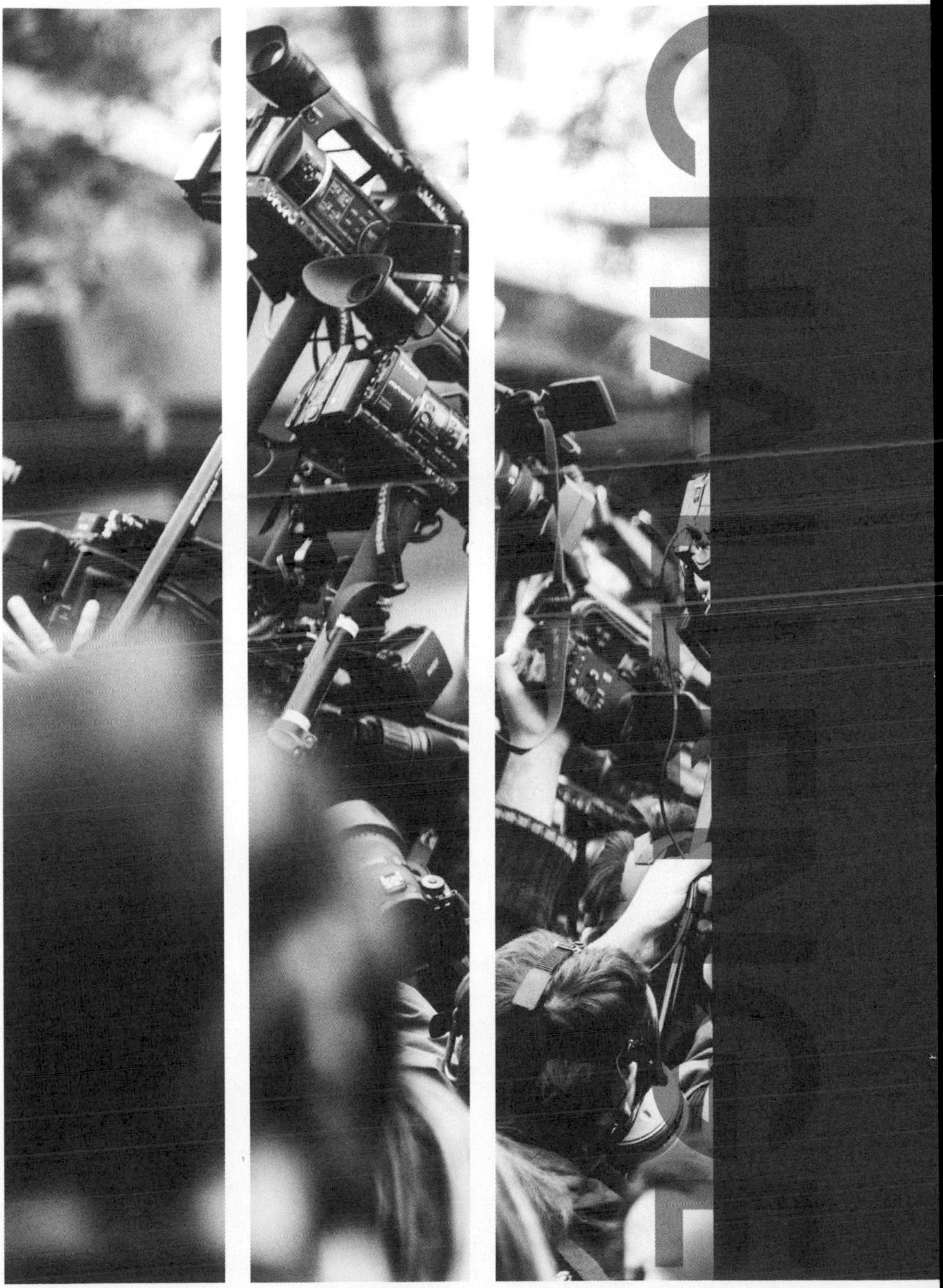

看不到的眉眉角角，左右了成敗關鍵

在政治領導上，政治位階很微妙，甚至連動到素人不習慣的政治黑暗面，而且看不到的，比看得到的更關鍵，政治運作有大家習以爲常的潛規則，一樣是召集一群人完成一項任務，不熟悉「政治位階」很容易成爲箭靶，一個新人，往往在這裡吃大虧，而且還無處可訴。

作爲一個政治素人，想排除困難推動一件事，得先了解「政治位階」，必須知道可以找誰溝通，立法院尤其困難，要不斷的去體會，因爲政治位階相對應的人，隨著時空環境的不同，會完全不一樣。

這也是教不來的事，沒有過往留下來的經驗可以傳承，必須靠自己不斷的摸索。選贏是一件事，上位之後如何做事，又是另外一件事。選民期待新科首長趕快交出成績單，因此蜜月期時間很短，政治素人得自我摸索盡快上手。

偏偏政治的潛規則跟很多行業的潛規則不一樣，在專業的行業裡，通常只要講專業的話，大家就可以在共同的專業平台上對話，比較不會有什麼問題；政治上當然也有它的專業，但彼此在溝通時，卻有更多我們看不到的眉眉角角，像是「政治上的位階」。

同樣的話，不同的政治位階傳達出不同的意義，更可怕的是傳話者背後的看不見的那隻操控的手，「網路媒體」風潮盛行的今天，透過網路帶風向形成的「人言」更加可畏！怎麼辦？

聽聽看別人怎麼做，也增進自己的知識。蔡壁如的座右銘是：工作即生活、生活即工作。樂在工作，有出差的機會，也就到處去看、增長見聞，「累」這個字，不會出現在她的字典裡。即使步入陌生的政治領域，蔡壁如依然風風火火向前走。說走就走、說做就做，風風火火，永遠幹勁十足。

快樂學習到處參訪，工作即生活，生活即工作

我覺得一直不斷學習和在職教育很重要，要一直不斷的去上課，所以在台大加護病房工作期間，我們團隊幾乎每年都會辦一些課程，一開始是外科加護病房基礎訓練課，後來全台北、中、南辦加護病房的血液透析訓練課程，再來就是葉克膜研討會的北、中、南課程，每年都是這樣辦課程。

大概二〇〇〇年前後，跟中國大陸有醫學上的交流，一九九八年我去北京、一九九九年去三亞，就是海南島，去海南島之前他們就跟我開玩笑說：「到海南島才知道身體不好、到上海才知道錢少、到北京才知道官小。」那個年代大概就流行這種話，當時去海南島三亞，只感覺這是蘇東坡當年被放逐的地方。

那陣子，北京、山東、天津、湖北、南京都去，一開始是去廣州，有時候是上台上

課，有時候是去交流，透過學術交流，聽聽看別人怎麼做，也增進自己的知識，所以我的座右銘就是：「工作即生活，生活即工作。」我樂在工作，有出差的機會，就會到處去看、增長見聞，也去看澳門的賭場、也曾看過汶川大地震之前的九寨溝，那風景真的是世外桃園、人間仙境。

很多人會問我，這麼忙碌的工作行程，難道不累嗎？其實，真的不累耶。我喜歡工作帶來的成就感，因為工作的關係，我還可以到這麼多地方去看看走走，整個視野都不一樣了，只覺得天地之大、萬物之廣，一切都如此新鮮有趣，怎麼會累？

法規行不通 再難也要想辦法

在台大醫院，因為待了二、三十年，和前面的幾任院長都夠熟，因為大家都很熟，只要是符合做事的邏輯，很多事都可以直接溝通，但是這套到了市府卻行不通。

在市長辦公室的我，常常接到市民的請求，有道理的，我就會直接去跟相關科室提出要求，但常常踢到鐵板，最常踢到的鐵板就是「法規」，市府的員工沒事就把「法規」搬出來，跟我說：「蔡主任，因為法規是這樣、這樣規定的，所以不行。」

可能是想給我這個「空降」的市長辦公室主任一個下馬威吧，面對我的要求，承辦官員帶著訕笑的口吻說：「妳連法規都不懂，怎麼在市政府混啊？」我也沒在客氣的說：「我又沒有要跟你混，搞不好，哪一天我就回台大醫院，如果要混的話，我覺得醫院比較好混！所以請告訴我，這個『規定』究竟是你規定的？還是市政府規定？還是法律規定？」

因為從來沒有人會在聽到政府官員說，「依照法規這樣不行」之後，還繼續問下去，所以可能被我嚇到了，就又改口：「沒有啦，主任，其實你如果想要這樣做的話，這樣、這樣……也是可以。」

雖然我不懂法律，但我也知道以常識來說，這不違法啊，只要是便民，為什麼不行？為什麼要把法規搬出來嚇人？不違法，就要想辦法！其實，公務員有時不是不想辦法，他們只是覺得麻煩。但我的想法是，只要是對市民有幫助的事，就不能怕麻煩，再難，也要想辦法做出來。

一直到現在，市府的人沒有人叫我「血滴子」，他們認為外面說的蔡壁如是一個樣子，跟我相處後，又是另一個感覺，就像我現在在立法院的幕僚一樣。在我進立院之前，除了少數二、三個之外，其他的幕僚都是來了之後才認識的，他們原本以為我就是雷厲風行、可怕的「血滴子」，但相處之後才知道完全不是那麼一回事。

現在我的幕僚和我相處，他們總是「壁如姊、壁如姊」或「姊啊、姊啊」的叫，為了同一個目標，我們工作得很開心。

政治位階學問大，踩地雷、貼標籤、生是非

但在市府工作，畢竟與醫院不同，在市政府裡面，顧問去跟市長講話、或是辦公室裡頭隨行祕書跟市長講的話，同樣的話，就傳達出不同的意義；市長室主任跟局處長講話、辦公室的祕書去傳達訊息，代表的意義也大不相同。

所以，這些政治上的位階沒有搞清楚之前，我踩過很多的地雷，個性急的我，曾經因為很急於推動某一個政策，直接跟某個局的局長講，講完之後，才發現自己忽略了中間其實還有副祕書長、副市長，變成我跳過副祕書長、副市長，直接「下命令」給那個局長，因為忽略了「位階」這件事的我，真的是吃了很多悶虧。

最有名的一次，就是二〇一七年的台北燈節，市政府裡面因此有了不同派系意見相左的耳語。

其實「燈節」不是我的業務範圍，是另外一位顧問管的，可是有一天，廠商直接衝到十一樓市長室門口，大吼大叫要柯市長出來說清楚，警衛和辦公室的人覺得需要我去安撫廠商，我心想「這就是單純事件」，於是出面安撫廠商。

安撫了廠商之後，我直接跟市長室負責燈節的顧問講這件事，可是他到底有沒有去跟他的副市長、局長去討論這件事？我並不知道，只知道後來就傳出，蔡壁如就是那種「自己想要跳過誰就去見誰」之類的傳言。

原來，我直接踩到人家政治上的位階了，尤其這種標案，會不會有什麼利益上的掛勾？這話題非常敏感，但對我來說，那天純粹是廠商投訴無門，就希望市長室有人可以出面接受他的陳情，聽他講話，我就把他當作是一個陳情，陳情完了就直接跟辦公室負責的顧問轉達，但他有沒有再去跟當時主辦單位和直屬的副市長討論，我不知道。

但是為什麼最後新聞冒出為了一個燈節標案，市府竟「意見相左」，實在是記者太多的想像。這個故事，更扯的是，二年後，二〇一九年選舉的時候，我又碰到這位當初寫市府有派系相鬥的記者，我問這位記者，為什麼會有這樣的故事出現在新聞上？

記者說，這是政治上的「眉角」。原來是當初有人有意參選新北市市長，但好像名氣、聲量一直起不來，後來他們發現新聞上只要跟「蔡壁如」有連結，就可以創造爭議，點閱率就會很高。

所以，這種政治上的「眉角」不是一般老百姓在新聞上看到的那樣子，這也是我不能接受的，到現在也還學不會、也從來沒有習慣過，一直被莫名的牽扯在各種政治鬥爭中。說真的，或許有人為了衝他的臉書聲量，逮到這個機會去寫我，弄成這個樣子，我也不知道其間到底發生什麼事情，他的聲量有沒有因此起來？我也不知道。

甚至柯文哲後援會的一些成員，在臉書上溝通也一定要寫上「壁如」二個字，好像要這樣寫才會有人去關心這個人或事，才會引起記者的注意寫成新聞。

演到最後，好像蔡壁如就是很喜歡惹是生非、就是喜歡跟人家爭權奪利，也許那些來蹭「蔡壁如」三個字聲量的人，達到他們的目的了，那些在背後下指導棋的藏鏡人呢？他們的目的又是什麼？是不是就是為了要把我「貼標籤」？貼上「蔡壁如就是喜歡爭權奪利」、「就是喜歡惹是生非」。

現在的政治圈，永遠是「貼標籤」、「撕標籤」，看誰的速度快，雖然我不會在意外人對我的評價，但也不想讓人任意貼上標籤，不過，有些情況例外。

重點是你覺得這個標籤好不好，你要不要讓他貼上去？蔡壁如就是「血滴子」、「就是喜歡在團體裡面鬥人家的那個人」，如果我接受這樣的標籤，別人是不是就不敢來招惹我？也算是一個很好的保護色吧，所以面對這波有心人士的操作，我並沒有講什麼話，就讓他去貼吧。

政治其實比我想像中的複雜，倒不如不要想太多，就做自己就好。別人在想什麼並不重要，我發現在政治圈只要做到「兩袖清風」，不管誰想要貼什麼標籤在我身上，都貼不上來。

要做到「兩袖清風」的前題是要有革命的想法、要有改變現狀的決心，有些人搞政治就是要來賺錢的，偏偏我對物質的欲望很低，小時候就如此，所以，想要把我搞倒，也沒這麼簡單。

第八章

走動戰略
用雙腳感受人情溫暖

錢！對素人而言，是選舉最困難的事，

即使再少的錢，都要去募集，

如何打這場戰？基本的經費是需要的，

而經費的募集，卻是最困難的。

素人參政風潮興起，選舉的門檻會愈來愈低，

但再怎麼低，也還是個「檻」！

CHALLENGE

拚，就一定要贏的群眾戰略

柯文哲為什麼要組政黨？這個問題在二〇一九年中的台灣政壇掀起軒然大波，柯文哲和蔡壁如向來都不是會處理「人」的人，他們可以為了解決事情，把對的人找來「做事情」，但為了「人」而去組「政黨」，這可不是他們的強項！

基於「使命必達」的人格特質，當柯文哲把組黨的任務交付下來時，蔡壁如也只能接招，找發起人一起來組黨不難，難的是如何在緊接而來的總統大選和立委選舉打響名號？時間只有短短三個月！

民眾黨真的是太新、太新的一個政黨，走出台北、出了新竹，南台灣和花東地區只知道柯文哲，對民眾黨是陌生的，如何讓大家認知到一個新興政黨的成立及政黨要做的事，首先面臨的挑戰，就是錢從哪裡來？

錢！對素人而言，是選舉最困難的事，即使再少的錢，都要去募集，如何打這場戰？基本的經費是需要的，而經費的募集，卻是最困難的。素人參政風潮興起，選舉的門檻會愈來愈低，但再怎麼低，也還是個「檻」！

在經費有限的情況下，民眾黨只能這樣做：

一、用認眞的雙腳，不斷的去拜訪、說服，和人民溝通政治上的理念。

二、透過熱情讓人民願意把口袋裡的錢捐給你，相信你承諾的任務會實現。

這對民眾黨並不困難，因爲他們願意很認眞的一塊錢、一塊錢的撿，因爲經費都是來自大眾，必須一個、一個的去說服，才能累積出眾人的錢和眾人的力量。

雖然眾人可以累積出大的網路聲量，但遇到財團企業化經營的網路聲量時，等於面對擁有上億元的敵人，畢竟網路聲量也是可以用錢砸出來的，此時的民眾黨必須有「一定會贏」的戰略。身爲柯文哲左右手的蔡壁如，就靠著雙腿一步步全台拜票，打造民眾黨的勝選契機。

和蔡壁如不熟的人，會以爲她是「血滴子」、民眾黨不分區立法委員，有緣見到她，會稱呼她一聲「蔡委員」，但是，只要和她談話超過三十分鐘之後，會叫她「壁如姊」，只要見了面、談過話，她就是能把你圈成她的粉。政治素人展現爆發力，不但拿到了一一．二二％的得票率，成爲立法院第三大黨，更讓她在南北各地，結交了不少民間好友。

大氣球環台步行，傾聽民眾心聲

二〇一八年之後，柯文哲要不要選總統？不管選不選，都要先把程序處理好，我當時最先的想法是：我和柯文哲都不是會做內部組織運作的人，處理組織內的「人事」，不是我的強項，但是，我知道我可以「傾聽」，而且很會，這應該是在台大醫院和醫生及家屬溝通時，培養出來的能耐。尤其是當可能全台灣的人都知道「柯文哲」，但是對「民眾黨」完全沒概念的時候，我只道，只有「傾聽」才能快速獲得選民的心。當時，黨主席柯文哲只給我一個目標：二〇二〇年的立委選舉，拿下十五％的票數，在十五％的戰略目標下，時間是急迫的。

我要做哪些事情？對我來說，又是一大考驗！用徒步環台的方式來「傾聽」民眾的聲音和需求，是我想到唯一的方法！因為我們沒有足夠的金錢在全台做大型選舉看板、或是上電視打廣告，我們只有透過海選的方式，找到和民眾黨理念一致的素人，一起透過雙腳，一步一腳印來感動共同生活在這塊土地上的人們。接下來就是戰術和戰技的層面了。全台大眾走是一個戰術，「大眾走」走的過程中，我的「戰技」目標就是要讓人家認識民眾黨，所以，我要舉牌，我們吹了很多氣球，也做了很多選舉小物，後來發現，做選舉小物，我們做不過人家，別的政黨比我們有錢太多，他們的選舉小物既精美又多樣，也許下次，我們就不做選舉小物，也許這樣人家就會想，為什麼蔡壁如不發選舉小物？或許反而會引起大家的注意，有不一樣的記憶點。

但我們使用大氣球的「戰技」是成功的，有一個大眾走的大旗隊，也是成功的，戰術就是全台大眾走，我要每個縣市都去走，用我們的雙腳走出台北市、走出人民對我們的認同，更重要的是傾聽人民的聲音。

一樣呼應我們的「戰略」，讓全國的民眾知道「民眾黨」，把「民眾黨」和「柯文哲」劃上等號，這樣國人比較容易理解民眾黨的主張，其他的做法就是戰術和戰技的呈現。特別在經費有限的情況下，令人印象深刻的大氣球就一定要有，但是其它的小物像是面紙、菜瓜布這些，我們真的做不過人家，比數量比不過、比精美也贏不了，我們要把資源做最有效的運用，就集中在「大氣球」和像是帽子這樣的周邊物品。

市場最能感受溫暖，婆媽熱情擁抱

政治人物一定要接地氣，而傳統市場是最接地氣的所在，要在短短的三十分鐘內了解一座城市，最好的方法就是用雙腳去走市場！

所以大眾走的第一天，就從不管是人文、交通上對我們而言，都是最陌生的花蓮開始，坦白說，這是我一開始就認定會失敗的地方；果然，很多人對我們這群突然出現在花蓮街頭的人，是「冷眼相看」的。

從花東最開始的冷漠，到屏東、嘉義、南投、台中一路走來，「喔～妳就是電視上看到的那個蔡壁如喔。」「蔡壁如在哪裡？我要跟她合照」「民眾黨，加油啦！」到後來還常有不認識的婆婆媽媽給我一個大大溫暖而又熱情的擁抱，突然間，我變成了「市場殺手」。原來有這麼多人喜歡我、有這麼多人支持我們這群政治素人，甚至志願加入我們行走的行列。

這時候，我知道：我們成功了！民眾黨在大眾走的過程中，被大眾接受了！好多人跟我們要民眾黨的小旗子，還跟我要簽名，我在上面簽一個大大的「15」，然後寫上「蔡壁如」！謝謝大家願意給民眾黨一個機會！

大眾走會成功的原因只有一個，就是「比別人再多堅持那麼一點點」就贏了。因為我是「狠角色」，我會堅持下去，因為我們的團隊「信守承諾」。

對於長期在都市菁英社會生存的我，和民眾黨提名的不分區立委們，如果沒有參與這次的選舉，不可能用雙腳走到這麼多的地方。

民眾黨的不分區立委很多是透過海選來的，多半是來自各行各業的菁英，在政治上是完完全全的菜鳥。以往，都是這些菁英們在他們各自的專業領域上告訴別人該怎麼做；現在，透過大眾走，我們成了傾聽的人，聽見生活在這片土地上人們真實的聲音。

看到台灣熱情、純樸、善良的人們，還有新住民、市場賣菜的、看到這片土地上依舊有孩子下課後在貨車旁的板凳上、昏黃的燈光下寫功課。

我的娘家就在屏東，對這樣的生活型態並不陌生，但令我難過的是，為什麼走出台北之外，生活模式三十年不變？是的，各地都有新的建築物，但少了文化、少了軟實力，生活沒有變得更好。

這也是為什麼台北市沒有大興土木、而是厚植文化軟實力的原因；民眾黨想要把台北市文化、商業活動帶到全台灣；大眾走，就從東台灣開始，走起來！

我們義無反顧向前走，雖然大眾走對我而言，是陌生且不熟悉的事，在還沒有展開之前，我甚至有些排斥，但是，走起來之後，我知道，這是必要的、而且會是成功的！

參與的後援會與志工，一場比一場多

大眾走另外一個挑戰是下雨天，尤其遇上又濕又冷的冬天，還記得有一個星期六晚上在嘉義，和學姊連續走了兩個夜市，結束的時候已經是凌晨了，第二天一大早五點還必須參加一項路跑活動，最難的不是晚睡早起，而是清晨四點多起床之後發現外面滂沱大雨，那時天都還沒亮啊，又濕又冷的天氣，連一絲絲曙光都沒有，也是牙一咬，就出門。

很多說會準時抵達的政治人物，那天早上都因為這場大雨遲到了、或是根本沒有到，但是我們堅持信守承諾，不輕易放棄的背後，是因為我們知道有一群熱血的志工在等你。

我要說的是，台灣民眾黨最厲害的，是我們後援會的志工們！如果說台灣最美的風景是人，我認為其中最可貴的就是民眾黨後援會的志工們，因為有你們無私的奉獻，讓原本有如苦行僧行腳般的大眾走，成為我生命中最溫暖而可貴的經驗。

大眾走從花蓮開始、從東部走到西部、從屏東走到台北，一路走來，除了有後援會源源不絕的補給，沿途還不斷有志工加入我們，我知道有很多志工都是請假來幫忙，甚至包辦遊覽車、自己花錢製作選舉小物，我們每天收到最多的就是飲料和各式小吃，遇到下雨的時候，細心的志工甚至準備的是熱的飲料，就怕我們被冷到，點點滴滴的溫暖，是我們堅持下去的動力。

我們的選舉小物有面紙、磁鐵、鑰匙圈，還有小旗子，結果是小旗子最受歡迎，很多人跟我們的志工要了一面旗子之後，又再多要了兩面、三面，因為他們說回去要幫我們加油，還要再發給其他的朋友，幫我們拉票。

我們的大眾走，參與的志工一場比一場多，這些都是我沒有預料到的，卻都感恩滿滿、點滴在心頭，有你們的支持與無私的奉獻，二〇二四年邁向台灣第一大黨的路越來越近，因為我知道我們都有共同的夢想，台灣應該更好！

套句我們大眾走大隊長邱臣遠的話：要改變，怎能不來場社會運動？

林聽明砂鍋魚頭，結交民間友人

有一次我去雲林，想起之前有個選舉的顧問跟我說，如果到了雲林、嘉義一定要打電話給他，因為他的爸爸之前在台大醫院用過葉克膜，很感謝柯醫師和我，所以就打了通電話給他，他就說：妳來啊，我要謝謝妳，我媽媽說妳一定要來我家坐坐。

我說，給我地址，我開車過去，從雲林開車到他家，大概要四、五十分鐘的時間，就在這短短時間內，他竟然已經召集了近二十個親朋好友在家裡等我。

他媽媽就一直跟我講，雖然是十幾年前的事情，但是她一輩子都感謝我們在他先生生病時的照顧和治療，她知道我們是善良的，所以當我一到現場的時候，其實有點嚇到，因為在場的近二十位親朋好友，都是在當地叫得出名號的人物，某某醫院的院長、里長啊，那個媽媽向我介紹，這些都是可以在下次選舉幫助妳的人！

我原本只是想說，就過去打個招呼就回家，沒想到因為這樣就又留了下來，一定要我吃完晚餐才走，我當然不好意思讓年紀大的老人家下廚，而且現場還那麼多人，自己煮太辛苦，他們就說，那我們就去嘉義文化路上的林聰明砂鍋魚頭吃晚餐。

到了現場發現滿滿的都是排隊的人潮，還要叫號碼牌，就在我站在路上排隊的時候，一個穿個吊嘎、拖鞋的歐吉桑大咧咧的朝我走過來，笑咪咪的說：「立委喔。」我不認識這個人啊，只好問他：「歐吉桑，你是誰啊？」他笑得更大聲了，沒有回答我，只是問我來這裡做什麼，我指著身後的一群朋友說，我們要來這裡吃飯啦，他只說，妳等一下喔，我來準備個位子，就這樣轉身往店裡走去。

後來，我的朋友走過來跟我說，妳知道他是誰嗎？他就是老闆林聰明，過了五分鐘，林聰明出來了；他說，一定要請我吃飯。我問：「我們有見過面嗎？」他說：「我們沒有見過面啦，但是柯文哲選市長的時候有來過這裡，我覺得柯文哲是個很好聊的人，那你應該也是。」

感受人情味，樂做大家的壁如姊

我們就進去吃飯，席間，林老闆真的是很會聊的人，聊著聊著，林聰明的女兒林佳慧也出來了，她到我旁邊說：「我妹妹認識妳！我妹妹是護理師，她認識妳！」就講到葉克膜，她說她妹妹去上過我的課，她爸爸認識的是柯文哲，但她們姊妹倆認識的是蔡壁如，因為她那個當護理師的妹妹，常常跟她提起「壁如姊」。

當下，大家搶著付帳，老闆要付帳、老闆的女兒說她認識壁如姊，不但要付帳，還要送我書。緊接著，雲林賴顧問的媽媽出面了；她說，你們都不要吵，她才是要請客的人！台灣人的熱情真的是讓我滿滿的感動。

賴媽媽說，因為我們有緣份，以後只要妳來，我都幫妳「款好好」，妳什麼都不用擔心；面對網路上酸民的攻擊，林聰明的女兒林佳慧說，妳不用擔心，那些酸民也不見得真的討厭妳，他們只是跟著網路風向隨便酸幾句，過一陣子就又忘了自己說過什麼；林聰明又接著說：「來吃我們的砂鍋魚頭，都不會有酸味，是最真實的味道。」

就這樣，民間的友人你一句、我一句，好暖！好有溫度！我可以在民間繼續做自己，不用去討好誰，就做自己就好！

接下來，我被邀請參觀，嘉義人開在台南的最大的農場，我的民間友人就是這樣一個介紹一個，結交來的，他們沒有把我當政治人物看，更多的時候，他們都叫我「璧如姊」。

第九章

精準效率
追求「好要更好」的1.1精神

什麼叫「每樣都進步一點點」？

在柯文哲的葉克膜團隊叫「0.9 理論」，

就是說，理論上每個人在崗位上

都應該把自己的一分做好，甚至做到 1.1 分，

每個人都做好的自己的一分，

如果可以再多做一點，做到 1.1 分以上，這樣相乘起來，就會讓醫學更進步！

對蔡壁如來說，政治上的精準和效率，

也是源自台大醫院時期凡事 SOP 的訓練。

每樣都要進步一點點

什麼叫「每樣都進步一點點」？在柯文哲的葉克膜團隊叫「〇·九理論」，就是說，理論上每個人在崗位上，都應該把自己的一分做好，甚至做到一·一分，每個人都做好的自己的一分，至少確保不會退步，要是只做了〇·九，似乎與一差距不大，但眾多〇·九相乘，就會形成大災難。相反的，如果可以再多做一點，做到一·一分以上，這樣相乘起來，就會讓醫學大進步！

對蔡壁如來說，政治上的精準和效率也是源自台大醫院時期凡事SOP的訓練。醫院加護病房生死之間的高壓訓練下，精準和效率是基本要求，如果大家都差一點點，最後就會失去病人的生命。

二十多年來醫療團隊最基本的要求是誠實，到了政治場域的蔡壁如已經改不掉這個已經內化成爲身體一部的習慣，所以外界很難用世俗眼光來衡量她，覺得她講話很有爆點，常常語出驚人，其實，她只是太誠實以致於不會說謊而已。

選舉志工基礎來自「柯粉」，而柯粉的形成基礎應該是在台大醫院時期，因爲柯醫師對待病人及家屬的眞心與用心，讓家屬感受到這是一個好醫師，於是，當二〇一四年柯文哲宣布競選台北市長時，成功圈粉無數，但來自四面八方的柯粉，如何凝聚成爲一個有效率的「背靠」？對這個首次參與選舉的團隊，是個嚴酷的考驗。

蔡壁如凡事SOP的行事風格，克服了這個挑戰。蔡式SOP有多強？強到對選舉志工的管理都可以精準到軍事化的程度，每一個支持者和柯文哲拍照的時間甚至可以控制在三秒鐘之內；而柯粉們對於這樣的效率引以爲傲！

誠實面對失誤，失去說謊的能力

台大的外科加護病房有心臟外科、腦神經外科（開顱）、胸腔和一般外科，通常只有做心臟手術、開顱手術和胸腔手術的病人會在開刀後住進加護病房，一般外科則是有需要會事先登記。我每天照顧最多的就是這類的病患。印象中，心臟開過刀的病人推進加護病房的時候都是流很多血進來的、開顱的病人，則是經常處在昏迷之中。

現在回想起來，我在台大加護病房的工作，就是台灣醫學的進步史。

以前就算是「心室中膈缺損」這種目前來說屬於簡單的手術，在當時都必須像是如臨大敵般的謹慎，只能由醫學院的教授來開刀，二十年後的現在，開一個「心室中膈缺損」，可能就只要一個總醫師就可以。類似的例子很多，時間拉長二十年之後，可以看到醫學演進的結果。

這樣的結果是扎根在每一樣都進步一點點的基礎之上，什麼叫「每樣都進步一點點」？我們稱之為「〇．九理論」，就是說，理論上每個人在崗位上都應該把自己的一分做好，甚至做到一．一分，每個人都做好的自己的一分，如果可以再多做一點，做到一．一分以上，這樣相乘起來，就會讓醫學更進步。

但是，很多的情形是總是會有人因為不小心的失誤，或是沒有防守好，只做到〇．九分，〇．九乘〇．九，就是〇．八一，如果再繼續乘下去，就變成〇．七二，如果每個人都只有〇．九，再乘下去，就會趨近於零，結果就是病人死給你看！

我們的理論是這樣，如果做到一，就維持現況，但如果只有〇．九，就會害到別人，甚至使病人因此喪命。如果你能洞察先機，可以做到一．一，如果也有另一個人能做到一．一以上，那病人就可以很幸運的，被你照顧得很好；但是倒過來，如果每個人都失守一點點，沒有達到自己應有的一（能夠維持一就已經很了不起），只有〇．九，大家都差一點點，最後就會失去病人的生命。

就像是「乳酪理論」，乳酪在發酵的過程會產生氣泡，切片之後就會有洞，所以就必須讓每一層乳酪緊緊相合，彼此補強、做彼此的後盾，如果你只做到〇．九、他也只做到〇．九，但只要有一個人做到一．一或是一．二以上，不但能把那個洞堵住，還能先發現問題，就能讓病人的生命線再回到一以上，如果每個人投球都漏接一點點，病人就會往壞的方向跑，如果中間有一個人很厲害，或是能及早發現失誤，及時把它揪回來一這條線上。

所以，我們強調的是團隊精神，醫院是三班制，接班的人，要完全信任上一個交班給他的人，我交班給你，就完全不能隱瞞自己任何一點的失誤，比如說，病人原本下午一點要吃藥的，結果一忙給忘了，直到下午三點才給藥，像這樣的事，也都一定要說清楚。醫療上面很強調一件事，叫「誠實」，對於所有的失誤都要很誠實的交待清楚，所以在加護病房裡頭強調的是團隊精神。

每一份葉克膜的案例檢討報告也是如此，生與死之間的每一個執行細節都是仔細反覆推敲，直到分析出最終結果為止，所有的一切都根植在「誠實」之上。

誠實到二、三十年來，已經內化，無法改變，就算到了台北市政府、或是政治圈裡頭，我已經「失去說謊的能力」，只要一說謊，眼神都會變得很怪，這個是長時間工作環境造成的結果。

醫學上我們很強調團隊精神和誠實之外，再來就是不斷的學習，因為醫學是不斷的進步，隨時有新藥和新器材，以前我常說，在醫學知識上最足以當我的老師的，就是賣醫療器械的廠商，因為他們不斷研發新的器材、有新的科技，科技的學理一定是和醫學相關，而且我們還會額外學到很多。

比如說呼吸器，因為病人沒辦法呼吸，要幫他插上一根氣管內管，然後接一個呼吸器，病人如果是處於躁動情形下，就要配合病人呼吸的頻率去調整呼吸器，怎麼調，都有它的學理，我所有新的知識，都是透過不斷的學習而來的。

我甚至可以說，台灣醫療不斷的進步，都是透過加護病房而來，尤其是台大醫院，一直進最新的醫療儀器，是全世界最新的儀器，不管是呼吸器、葉克膜，或是洗腎機、病人的生理監視器，甚至遠端醫療，這一切都是最新的。每天都在接觸全世界最先進的醫療儀器的我，必須認真的學習，才會知道如何做對病人最好。

這是精準和效率在醫療上的必要，也是我在台大醫院時期養成的習慣。

凡事SOP，志工都能軍事化管理

在台大加護病房訓練出凡事SOP的習慣，只有在確認了SOP之後，「效率」就出來了。

其實一開始接下選務工作時，是亂的，但在台大加護病房期間的工作訓練，讓我養成每天檢討的習慣，SOP也是要每天檢討的，比如說掃街「拍照」這件事；很多人想和柯文哲合照，但人太多、現場往往很亂，所以志工們就開始研發照片SOP，從第二天開始，一個人指揮排隊、一個人拿相機拍照、一個手機拍照，另一個人帶民眾過來拍照，整個拍照的SOP，就是旋轉壽司一條龍的概念。

有了SOP之後，市長每到一個地方，我們都會先去準備，事先要測好燈光，尤其是傍晚時刻，如果光線不夠，就要補燈、確認市長要站的位置，市長站著不動，再由二個人圍起紅龍，讓民眾知道要站在哪裡排隊，一個拿相機、一個手機拍照，再傳給另外一個人，把手機還給民眾，每個拍照的時間控制在三秒鐘之內。

這樣的SOP流程讓每個到場支持我們的人都被服務到了，左右兩邊站著我們的人，民眾從中間走過來，我們把民眾的手機給他架好、幫他拍好照片，再還給他，一秒、二秒、三秒，這就是效率，這是每天檢討出來的效率。

當時市長要爭取連任的時候，尤其是倒數前十天，我們每天在外面掃街掃到晚上十點，回到辦公室還要開會檢討到晚上十一點半多快十二點，候選人走了之後，再繼續檢討當天還有什麼做不好的地方，比如說照相不好，或是面對抗爭的溝通沒到位，我們都在檢討下一次要怎麼做才會更精進。

把當天碰到的問題，再提出來講一遍，照相的「旋轉壽司」不夠完善，明天該怎麼做會更好？燈光、位置要怎麼放，才可以拍出更令人滿意的照片？又或者在面對抗爭民眾時，除了溝通說明之外，和當地的警察要怎麼合作？再來就是行程，如果菜市場現場不夠熱絡，是不是要有人打前鋒，去告訴大家等一下柯文哲市長要來掃街拜票？所以，後來我們做了牌子和大聲公。

所有的選舉經驗，都是每一天的實戰加事後的檢討來的，很辛苦，但是沒辦法，就是得這麼做，每天跑完行程下來，還要再開檢討會議到凌晨一、二點，隔天早上六點又要起來去菜市場掃街。

選戰期間是什麼支持我每天堅持最早到又最晚走？每天只有三、四個小時的睡眠時間，是激情嗎？還是有什麼誘因？都不是，只是很單純的想把當下每一個遇到的問題解決掉！就只是這樣而已。

可是，就和過去二、三十年在台大醫院的經驗一樣，凡事堅持精準和效率的基本態度，一點一點的進步，把時間一拉長，我相信，就算是一群不懂政治的素人，也可以為台灣做出改變和不同。

第十章

直球對決
我的存在就因為和別人不一樣

一個在政治圈卻被說是不具政治味的政治素人，

如何突破重圍？

隨著媒體對她的報導愈來愈多，

蔡壁如的一舉一動愈來愈受到矚目，

更因為她的「白目」，初入政壇的她，顯得格格不入，卻更受喜愛。

青暝仔的不怕槍，白目的最有力量

一個在政治圈卻被說是不具政治味的政治素人，如何突破重圍？隨著媒體對她的報導愈來愈多，蔡壁如的一舉一動愈來愈受到矚目，更因爲她的「白目」，初入政壇的她，顯得格格不入。

蔡壁如要成爲一個怎樣的立法委員？要用怎樣的 style 呈現自己？之後每天質詢台上十分鐘的質詢，她對自己的第一個要求，先不要犯錯，再求如何更好。

因爲只有代表各行各業的素人，從民意代表開始問政、問出對的問題，才能找出執政的可能，也才有執政的能力。

從政治素人一躍進入國會殿堂，可能是「青暝仔的不怕槍」，反而讓蔡壁如成爲另類人物！

二〇二〇年三月民眾黨爆發不倫戀，除了當事人外，媒體把採訪的焦點擺在蔡壁如身上，原因無它，就因爲她「很好訪」，不但很好訪，還很容易衍生其它的故事題材，包括：户籍遷往高雄是爲了選高雄市長，而且就是遷到女主角父親的住處，形容他們私交甚篤、甚至影射這整件「不倫」的爆料者就是蔡壁如，因爲她是「血滴子」所以很會內鬥……等等，各種事後證實根本「假新聞」的消息，偏偏在蔡壁如的身上很好用。

類似事件層出不窮，我問她：「難道妳不想解釋嗎？或者在面對媒體時，要不要小心一點？」至少要多了解媒體嗜血的天性和捕風捉影的能耐。

她跟我說，以前在台大醫院工作的時候，爲了讓病人和家屬了解眞實的情況，爲了在交接班時清楚明白，連微小到不爲人知的小事件，都必須誠實以告，還有每一個病例的檢討，種種醫院的訓練已經讓她失去說謊的能力，她說：「我就是這麼誠實！」感覺她對自己的直白還有點小驕傲呢。

我常在想，這麼「直白」的政治人物還眞稀有！但是，在政治這個大染缸裡，這樣白目的政治素人，能走多久呢？如果「有幸」走得夠久，又會不會失去素人的本質？

護理師出身的蔡壁如進入立法院財政委員會，說眞的，對財政，除了算錢、數鈔票，她眞的什麼都不懂！但蔡壁如有個強項：遇到不懂的，就學、就問，衝著這個什麼都願意學、什麼都願意聽的特質，進入立院之後，突然間，不分黨派，有國民黨的、民進黨的「國師們」紛紛獻策，提供建言，從立院議事規則到如何提案、政治生態、派系人脈一一分析。

蔡壁如聽得認眞也仔細，邊聽邊做筆記，她記下認爲重要的、可以做得到的，還會爲自己的筆記畫重點，甚至成立財經顧問團，每周開會，不但勤做筆記，還做決議。

一個立院會期下來，次次質詢都讓在場官員、立委刮目相看，看似白目、不符合問政規格的提問，問到最後，往往讓官員無從迴避。

疫情期間，曾經，還有官員「好意」提醒蔡壁如國安基金要進場了，只是這位官員萬萬沒想到，蔡壁如不是一般的立委，她沒有在買賣股票。

雖然說蔡壁如是「血滴子」，但再強的血滴子也有心力交瘁的時候，政治上被對手攻擊是常態，但後院失火的時候，如果再有人補上一刀，血滴子能撐多久？

我的存在，因為我和別人不一樣

我從來沒有感覺自己在政治中！就算我在台北市政府擔任顧問的時候，我都不覺得自己處於政治的中心。有一個記者跟我說：「蔡壁如這樣有問必答，會不會太危險？」甚至不知道自己的處境十分兇險！我就一路在自己的世界中，從台北市政府走到國會殿堂，我走在當下，並不知道下一步會不會踩破腳下的薄冰。

台北市長柯文哲上任以來，將「改建市場」列為重要政見，環南市場改建工程動土前一天，當時台北市市場處處長跑來找我商量，明天動土典禮上，有一派反對派要到現場丟雞蛋、撒冥紙，問我該怎麼辦？於是晚上九點多，直接跑到反對派約定談判的地點。直球對決問對方：幹嘛反對？大家七嘴八舌的拉高分貝：台北市政府市場處不顧市場攤商的權益，沒有停車場、動線不好、分配的攤位不夠大、攤商都要在一樓……愈講嗓門愈大，盡是講些我聽不懂的市場潛規則或江湖規矩，甚至激動到想掄拳頭！我心裡做好最壞打算：有本事，就揍我。雙方對峙讓市場處的公務員很緊張，我直截了當的問：怎麼做，你們明天才不會抗議，讓動土順利？事後，我答應每星期和攤商自治會開會，直到他們的問題解決。

隔天，二〇一六年十一年月六日，環南市場改建工程動土典禮如期舉行，現場沒有抗議，沒有拉白布條。柯市長不明所以的問我：「妳怎麼出現在現場？」我回答：「維持秩序！」解決問題是公僕的事，對我來講，傾聽基層的心聲，讓我更接地氣！直到現在，我和攤商自治會變成好朋友，每年的中元普渡、中秋團圓，都會熱誠的邀約我參加！

回頭想想，政治這條路一路走來，也許我的存在，正是因為我和別的政治人物不一樣而顯得特別，二〇二〇年民眾黨第一次投入選舉時，《蘋果日報》總編輯打電話給我，說要為我做一個專題訪問。採訪之後，他跟我說，我實在很欣賞妳，我問：「為什麼？是因為我的白痴還是白目嗎？」他笑得很開心的說，像妳這樣完全不懂政治險惡的人，在妳身上又一點感受不到政治味，妳為什麼可以在台北市政府「活五年」？為什麼？他問，我說：「就是因為我沒有政治味啊，如果我有政治味，我可能就會充滿算計、充滿計較。」這是我深深的感受。

另類血滴子，直球對決

台大外科加護病房 ECMO Team 是柯醫師一手創立起來，柯醫師雖開玩笑說：他一生最悲慘的事情，就是第一個屬下是蔡壁如，但他其實認為，屬下就應該是「蔡壁如那個樣子」。

葉克膜團隊除主治醫師外，是由幾位護理師組合而成，團隊的背後有實驗室的助理，剛開始前幾年要招募新人時，柯醫師很相信人格量表及發現自我評量表，每次 Interview 都要填表，離職時又檢討彼此的落差。我常開玩笑：只要跟著我工作三天，就知道可不可以錄用！

實習從早到晚，除看到工作態度，也觀察工作熱忱。ECMO Team 需要高度團隊合作，二十四小時值班，沒有對重症病患的責任心，很難長時間工作。跟著我工作一整天，不會一直看錶，不會問我何時可以下班（責任制啊！），大概就知道他明天會不會再來！第二天上班時，看到新人沒戴手錶，就知道這個人可以用，剩下的，都是技術的訓練及專業知識的獲得。

台大醫院同時是亞太地區很重要的交流訓練醫院，有一次，新加坡來了兩位學習ECMO的體循師，跟著團隊馬不停蹄一整天，發現他們累到站著也可以睡著。兩週的訓練期間結束後，回饋給我們團隊的評語是：難怪台大醫院的ECMO可以做到全世界前三名。

這樣的直球對決式新人訓練及教學，也帶進台北市政府。市長對一位想到局處當機要的年輕人說：「你就跟著蔡壁如一段時間，再決定要不要來當機要。」事後回憶起這段跟著我上下班的日子，這位年輕人說：「早上從捷運站出來，經過市府的商場連通道，店家還沒開；下班經過市府的連通道去搭捷運，商家都已經關門了。」所以，台北市政府轉運站的商場，有好吃的拉麵店，我都不知道啊！我的座右銘即是：講太多沒有用，跟著做，就知道行不行！

這種不設防、直球式的生活步調，到了立法院，記者紛紛表示：「壁如姊，妳跟我們外界想像的都不一樣，以前都以為妳是『血滴子』，是嚴厲的、陰狠的……」類似這樣的對話，多不勝數。也有很多人一直問我適應得好嗎？變成立法委員之後的角色轉換得怎麼樣？慢慢的，愈來愈多的媒體說我很另類，我好奇，別人眼中「另類」的蔡壁如，究竟是哪裡另類？後來才發現，原來我的另類在於，「身在政治圈，卻不具任何政治味」！

要成為一個怎樣的立法委員？要用怎樣的 style 呈現自己？思考這些問題，成為我的功課。例如很多人跟我說：「以後接受媒體採訪，一定要讓幕僚先知道記者的訪綱、設立防火線，不能讓記者隨時可以找到……」也有記者問：「壁如姊，我們隨時找妳，妳都隨時可受訪，是太有自信嗎？」我答：「不是，是不知江湖險惡！」雖然幕僚有很多建議，但我也還是我行我素，反而讓記者覺得我親切、沒有架子。

有次，某位記者要約訪我，我因同時間另有行程，問對方：「改到下午兩點好不好？這樣會不會讓你很麻煩？」那位記者很驚訝，因為這完全顛覆他對立法委員的印象，他說：「怎麼會有一位立委這麼親切，還問會不會造成困擾。」其實，我只是認為 Just do it！別人找我有事，就去完成它而已。還沒有體認自己身在政治圈內，或許等我被政治摧殘過後，情況就不一樣了。

國安基金進場，只是幫權貴抬轎？

三月，新冠肺炎疫情開始緊張，中央流行疫情總指揮陳時中，甚至建議高中以下不得出國，國人開始恐慌了，股票狂跌。

有一個財政部的官員來說，我們長官想開一個國安基金委員會的臨時會，我說：「幹嘛？要進場了啊？」他說：「不曉得委員對這件事怎麼看？」我說：「目前在股市相對穩定的自由市場國家中，沒有人是用國安基金護盤這樣的方式運作，台灣是比較特別的淺碟市場，有時或許真的有點短期效果，但這只是安慰劑而已。有不少人還有威權時代大政府的心理，只要出事，就是要政府出來。我還是要呼籲執政的中央政府，台灣要走向健康的市場，早晚要戒掉這個奶嘴，現在短期該不該護盤？是政府有責任做決策，我們可以等事後再來檢討，但是長期的規劃，還是要想辦法戒掉國安基金才對。」

他說：「因為很多人都想要賣股票，都會要國安基金進場護盤。」股市崩盤到後來的反彈，都是諸公們在買的，於是強迫國安基金進場護盤，幫他們抬轎，然後他們再賣掉，賺一波！真的假的?!

為什麼要用國安基金的錢去護盤股市？政府有這麼多錢，為什麼不去幫助一般的普羅大眾、為什麼要去救這些有能力跟政府官員施壓的人？那些沒權沒勢的小老百姓過得苦哈哈，又沒能力跟你們這些官員施壓，你們這些人是在想什麼？產業和景氣不會因為國安基金的護盤變得更好，只是幫權貴抬轎、讓他們憑著權勢賺更多的錢！

檢討一個月交三頁報告，大家到底混什麼？

進立法院之後我曾經想過，要做一條與立法院不一樣的鯰魚，有一次質詢國營事業，可能他們認為來質詢的立委，是個沒聽過名號的菜鳥，所以備詢的官員們在議場上嘻嘻哈哈的，一點沒有對人民負責的感覺。

上台之後我跟會議主席說，我要請國營事業的董事長上台；董事長上台後習慣性的說：「委員，妳好。」我也沒給他客氣，直接說：「我一點都不好，不但不好，而且還很憤怒！」我拿出一個月前要求此國營事業針對某個事件的檢討報告，那是份只有短短三頁的報告！我生氣的是，此國營事業用了一個月的時間去寫的檢討報告竟然只有三頁，竟然只有「一、原由；二、說明；三、結語」，到底在混什麼？

當我大聲的問出：「到底在混什麼？」現場頓時安靜了下來，包括之前那些嘻嘻哈哈的官員們，當下，我意識到，我有備而來的質詢方式，讓這些原本看不起我的官員們嚇到了，他們看不起的「素人」，竟然會提出他們無法迴避，又答不出來的質詢內容。

其實立院每位委員質詢時間只有六分鐘，剛剛那段就佔了我四分鐘的時間，我真正要問的是農委會農地農用的事，但我不會因為質詢時間很短暫，就不去理會那些嘻嘻哈哈的官員，等我講完之後，我的幕僚跟我說，壁如姊，妳今天板起臉來質詢，真是太好了，那些經濟部的官員中午在台下閒聊時候說，下一個是蔡壁如，蔡壁如是誰啊？她是誰啊？有人就說「就是柯P那個啊」「喔～也不怎樣啊。」結果妳板起臉來，他們突然就很安靜，嚇到！

其實我很難過，我以前是台北市政府的幕僚公務員，我知道被民意代表兇的感覺很不好受，我也不想要兇他們，可是他們實在太混了，一個月的檢討報告書竟然只有短短的、不著邊際的三頁，這些，可都是我們納稅人的錢啊！

台北市議會的議員相當認真的監督及問政，這是我在台北市政府感受到的！北投區有位議員常因為協商違建要不要拆，一再辦理違建會勘，甚至要求我跟著他會勘一整天。

我跟著建管處會勘人員來到北投山上一間民宅，住著純樸的一對老夫妻及四個兄弟。老夫妻每天帶著四兄弟在山上務農，過著與世無爭的生活，怎會有違建？進入屋內，看到髒亂的環境，我的直覺就是：這不單單是違建的處理問題。原來一家除老先生外，都領有精障手冊，因為兄弟長大了，其中一個兒子帶著女朋友住在家中，以至於有了違建。以護理人員的角度，我當場關心的是家戶環境清理及男女避孕的衛教，這家人需要的是社會局的家戶訪談及健康中心的公共衛生教育。

會勘一整天下來，建管處的公務員跟我說，違建的樣態千百種，且常常伴隨的是跨局處的狀況需要被處理，違建的成因太複雜，沒有解決市民的根本問題，違建照樣會不斷出現。

如果沒有中心思想，寧可回歸百工百業

今天我加入民眾黨，哪一天我不喜歡柯文哲了、不再認同他的理念了，我寧可退出這個江湖，也不會去加入其它的政黨，這才是我們在政治上要走的正道。政黨是民主政治不可或缺之機制，政黨的目的是針對社會政策全面的提出主張，民眾黨秉持長遠規劃的精神，不將目標只放在選舉和任期，旨在實踐台灣精神，達到「開放政府、全民參與、公開透明」。民眾黨的宗旨為台灣的整體利益及民眾的最大福祉，並確認民主、自由、多元、開放、法治、人權、關懷弱勢、永續經營之普世價值在台灣得以具體實現。遵守國家現有憲政體制，內政上強化國家治理以興利除弊，對外關係上則採取務實路線以爭取台灣最大之生存空間，確保主體性。

哪一天民眾黨不在我的中心思想的道路上行走了，我就回歸百工百業。但我不會為了某個特定的理由加入其它政黨，就算我和民眾黨分手了，也絕不會和別的政黨合作，這才是一個政治思想的正道，因為這是你的理想啊，不然我為何創黨？

如果我們的黨員有人偏差了，我們會努力去導正或爭取回來。愛情沒有保鮮期，政黨也是一樣。如果過了一、二年你覺得不再認同民眾黨了，沒關係，你可以離開，我也不會去惡言相向。

我認為，素人問政不應該有太多的政治計算，因為我們民眾黨的問政，都是來自百工百業，不是為了個人利益而來，是為了行業的發展，向執政者、向官員提出必須解決的問題而來，只有問對了問題，才能根本解決問題，生活在這塊土地、這個國家的人民才會更幸福。

第十一章

忠心思想
吃人一斗加倍奉還

當素人成為政治人物的時候，就容易給人見縫插針的機會，

特別是當蔡壁如聲量愈來愈高的時候，

平時和柯文哲你一言、我一語互損的主僕關係，

到了政治場域卻成了外人眼中最困難 、最痛苦的歷練。

飲水思源、忠誠相待更能贏得信任關係

忠誠這件事，在台灣職場上比較容易被忽略掉，在政治上也很少討論；對工作的忠誠大家比較能理解，但是，政治領域的合作與信任，背後隱藏著交易與背叛，彼此間反而沒有忠誠的問題，因為對政治人物而言，政治本來就是銀貨兩訖的交易。

所以，當素人成爲政治人物的時候，就容易給人見縫插針的機會，特別是當蔡壁如聲量愈來愈高的時候，平時和柯文哲你一言、我一語互損的主僕關係，到了政治場域，卻很容易被外人加油添醋，成了她最困難、最痛苦的歷練。

吃人一斗加倍奉還，心甘情願當防火牆

我對柯醫師的忠誠與默契，主要是飲水思源，有句俗話：「吃人一口、還人一斗」；對我而言，不止是要還「一斗」，而是「一斗半」甚至是「一斗六」。

我原本只是個來自屏東美和護專的小護理師，到了台大醫院，在工作上讓我有成就感的是柯醫師，是他給我機會學習，我常說，要珍惜別人給的機會，是他在工作上教我、讓我有成長、讓我在學識上有進步、讓我去學習很多技術、考各式證照，像是超音波、洗腎的執照等等，這些都是因為柯醫師才會有的結果。

所以，當柯醫師變成柯市長的時候，猶記得二〇一四年十一月二十九日半夜，柯醫師打電話給我，開口第一句話說，妳在睡覺了！不吵妳，假日有沒有值班？我回答：有，他說：天亮九點打電話給妳。週日早上果然準時打電話給我，叫我要準備去台北市

政府報到。我沒有猶豫，沒有說要考慮幾天，也沒有跟家人商量。他一聲徵召，理所當然我辭去台大醫院的工作，轉到台北市政府上班，為了讓我好做事，他跟別人說「蔡壁如是血滴子」，於是我「使命必達」，我也不怕扮黑臉、當壞人，外界的批評或惡意中傷，我不會在意，對柯市長，我就是飲水思源、我感恩，我們的信任關係早在柯醫師時代就產生了，我們共同工作了二十多年，從磨擦、吵架到最後其實就是一種信任關係。

到市政府來，政治的工作更重要的也是信任關係，我不希望政治的合作是暫時的，我希望在每次的選舉或是政治上，除了原本的主僕關係之外，我們還是革命夥伴。

當老闆的防火牆，就是因為他信任你，所以願意，不會有委屈。

在市府或民眾黨遇到有內鬥或人和的問題，很多人就會說「都是因為蔡壁如啦」，面對外界這樣的說法和誤解的時候，一樣嘛，還是會回到飲水思源，吃人一口、還人一斗的概念，因為我和柯文哲之間有這樣的信任與革命情感，所以我願當柯醫師的防火牆，不需要言語，憑藉的是默契。

成為老闆的防火牆，面對各種誤解和中傷，我不會受影響，還有一個很重要的原因：神經線大條，兩袖清風。

外界怎麼誤解我，我一點都不在意，因為我就是兩袖清風，也不會拿人家的好處，所以，就算去當老闆的防火牆，so what？那又怎樣？然後呢？我又不圖人家什麼。

說真的，我已經五十幾歲了，也沒有什麼物質欲望，像前一陣子去斗六，回來的時候我買了很多名產，之後都分給幕僚，幕僚就說：「壁如姊，這樣妳花很多錢耶！」我說還好吧，我自己賺錢自己飽就夠了，寧可兩袖清風，我每個月的薪水拿來給大家分一分，因為錢夠用就好。

當你兩袖清風的時候，別人怎麼給你貼標籤都很難貼得上去，如果說要當「死士」是要拿很多安家費才行的，但我沒有啊，所以，再怎麼樣社會的輿論只能是一時的，寫完之後，風吹就過去了，而這一切都是因為我和柯醫師有很厚實的革命情感。

我們兩人互為合作與信任，這種合作關係在過去的職場上是為了救人，到了政治場域，從光明面向來看，因為是素人從政，在爾虞我詐的政治環境中，也等於有了一道光，即使在民眾黨最危急的時候，我仍然在這裡，這就是我對老闆的忠心思想與信任。

第十二章

傾聽傳道
凡事像面對生死一樣謙卑

這是素人特質。

她是護理師，尤其是重症急診室，

聽更多的是病人家屬的諒解與不諒解，

在生死交關的時候，很容易變成惡毒的言語，

而作為第一線的護理師，讓她這種傾聽的能量被無限升級。

同理心的養成，對每個人都無比的重要！

同理心的養成，這對政治人物而言，尤其重要！

這也是政治素人最擅長的特質。蔡壁如是護理師，長期待在重症單位、急診室，最常聽到的是病人家屬的感謝或不諒解，在生死交關的時候，家屬的情緒，很容易變成惡毒的言語，前一刻家屬還在感謝、拜託，但病患撒手人寰之後，更多的是辱罵，如何回應病人及家屬最後的需求期待？而作爲第一線的護理師，讓她這種傾聽的能量被無限升級。

進急診室裝葉克膜的病人，都已經是重症中的重症，是抱著最後的一絲希望送過來的，家屬看到蔡壁如認眞的樣子，都相信她會盡一切的可能，把病人救回來。

加護病房中所有的儀器使用、人員照護，和一般病房對待病人的邏輯不一樣，是以病人爲中心，都是可移動型，以便在與死神拔河的時刻，能隨時提供救援。

根據這個邏輯，蔡壁如在做任何事的時候，從來不是以自己爲出發點，她只有一個想法：如何可以完成任務？

蔡壁如常自省，在醫院，是病人和家屬需要我們；但是，到了政治這條路上，又是另一回事！政治是管理眾人之事，該如何滿足眾人的需求？特別是當人們對政治人物感到厭倦的時候，市長或立委要如何找回民眾的信任？

在生死之間徘徊 謙卑面對家屬

我跟病人之間的關聯，通常是來自家屬，我和家屬的關係比較好，公開透明的過程很重要，因為每天都會跟家屬解釋病情，今天數字變差了、變好了，或是變怎樣了，我都會跟他們一五一十的報告，也問他們有什麼樣的需求，對每一個家屬我都是這麼做。

有時候難免發生「這個病患沒辦法過關」的時刻，這時面對家屬要多一份謙卑，告訴他們，我們都盡力了，我覺得這很重要，我們時時刻刻都很盡力、沒有忽略或怠忽職守，讓家屬感受到我們的盡心盡力。會來裝葉克膜的病人都已經是很重症中的重症，是抱著最後的一絲希望送過來的，家屬會看到你認真的樣子，了解醫療團隊用盡一切的可能，把病人救回來。

「一定要學會做超音波」這是柯醫師在去美國進修之前給我的功課，這樣就可以在臨床床邊為病人做一些簡單的診斷，後來因為很多病人休克後會有急性腎衰竭，我又去學做血液透析。

到現在，我可以自豪的說，我可能是全亞洲「加護病房」最厲害的血液透析師，因為很多洗腎的病人，可能平常都是過著正常生活的人，只有在特定的時間才去洗腎，可是加護病房的病人，特別是裝了葉克膜的病人，他已經是在生死之間徘徊了，如果要再做血液透析，不管是洗腎或是洗肝毒，都不同於原本的模式。

這需要另外一種技能，不止是新的技能，還要加上不一樣的知識，因為裝了葉克膜病人的洗腎需求和正常的洗腎患者是不一樣的。

住在加護病房的病人可能還合併有其它嚴重的心臟功能問題或是感染問題，從血液透析又延伸到洗肝，我們叫「連續性的血液灌流」，就是把肝臟裡頭的毒素透過血液，不管是用活性碳吸附出來，或是用其它的方式分離出來，這些都有很多不同的技術，不同的病人如何去做血液透析，都是重新學習的過程。

其實，在加護病房的葉克膜病人遇到需要洗腎或是洗肝的時候，很多會選擇照會血液透析室的護理師進行，但如果遇到病情比較複雜的，就會被拒絕，為了讓病人有更好的結果，我會去學，我會好奇是不是可以有更好的辦法，讓這些病人得到更好的照顧。

一般洗腎可能只要一個上午或下午四個小時的時間，但在加護病房的病人病情變化很大，我們就把這一次性的洗腎時間，拉長到二十四個小時。

假設原本正常的洗腎患者四個小時要脫二公斤的水，每小時就要脫五〇〇cc的水，但是葉克膜的病人沒有辦法承受在短時間脫這麼多的水份，必須把洗腎的時間拉長到二十四小時，那每小時只要脫一〇〇cc的水，一樣可以把身體多餘的水份弄出來，這就是連續性的血液透析。

以病人為中心，學習洗肝、洗腎

我們就去想，為什麼血液透析室的護理師不願意這麼做？因為他們是用排班的行為模式去思考病人的治療方式，他們是上白班，早上、中午、下午，然後就下班；但是在加護病房，是倒過來的，一切的醫療模式是以病人為中心，治療方式就會不一樣。

所以，我們願意慢慢的、每小時只脫一〇〇cc的水，持續二十四小時去做，這樣就能維持病人身體的平衡，不會太腫也可以得到比較好的照護品質，這些都是因為站在病人的角度去想、去思考出來的。

接下來，我用在職教育的方式把這些技術教給加護病房其他的護理師，這樣，就不用二十四小時都待在加護病房觀察，我們後來又引進國際間還有一種全自動的機器，可以持續二十四小時的洗腎，甚至電腦還可以二十四小時全自動記錄這一小時脫多少水、下一小時脫多少水。

那是十幾、二十年前的事了，資訊不像現在這麼發達，我們必須不斷在網路上找資料、查 paper，才能找到我們要的儀器。

廠商覺得台大醫院好先進，竟然會想要買這樣的機器，這對加護病房的病人有很大的幫助，新的機器來了，我們開始研究怎麼使用，所以，這些年來我的醫療技能，都是透過檢討每一個病人案例、發現問題，從網路 paper 找答案、發現新的醫療器械，然後請廠商把儀器引進台灣，然後再由我們種子教官去學習一遍，再教會我們加護病房的護理師。

所以，加護病房的護理師其實壓力很大，因為醫院引進很多的專業儀器，他們也要學很多，所以，有可能出現高離職率。

外科加護病房醫療部成立葉克膜六人小組，ECMO 小組的輪班白班可能是早上八點上班，上到晚上六、七點，晚上就交給值班的人員，值班人員晚上如果沒事可以先回家，但有事就要立刻趕到醫院，到隔天白班的人來接班，我們當時就六個人，專門照顧葉克膜的病人。

在這個過程中，除了加護病房的洗腎、洗肝技術外，我又學了各式各樣的超音波，因為病人不會動，所有的儀器都必須以病人為中心點，需要做超音波，就把超音波機器推來加護病房，要洗肝，把機器推來這裡、要洗腎，也把機器推來這裡。

這和一般病房對待病人的邏輯不一樣，所有的儀器使用、人員照護是以病人為中心，都是可移動型的，我們所有的儀器都是可移動型的，我們的葉克膜也是可以到院外去接病人的，我們也是慢慢才研發出以病人為中心的、可移動的儀器，這是我們團隊很大的一個本事。

發揚葉克膜經驗，讓柯黑變柯粉

加護病房的經驗，我也應用在政壇上，例如如何凝聚黨員？很多柯粉，在選舉後變成「柯黑」……現在，每個星期日，我都會到雲嘉南去走走，有時候遇到網路上由柯粉變成「柯黑」的人，有機會的話，我們會聊一聊，原來他們是透過螢幕來「看待」柯文哲，認為柯文哲不應該這樣講話，然後就開始討厭他，經過溝通對談，後來我發現，這一切都是來自網路上的誤解。

柯粉是沒有政治性的，當初他們是因為追逐「柯文哲」這個偶像而聚集在一起，他們變成我們的後援會、啦啦隊、義勇軍，追逐偶像和追逐政治是不一樣的，不會真正投入政治選舉。

在台北市政府，常碰到「柯粉」。市長室接到一位媽媽投訴，她陳情要見柯市長，陳情書上洋洋灑灑寫了好幾頁，控訴教育局的特殊教育有問題，特別的是附上一幅畫，讓人印象好深刻，是用鉛筆畫的一座城市。

祕書覺得這位VIP陳情者很特別，事先詢問教育局實際的狀況，教育局承辦人員很緊張，跑到市長室跟祕書說，教育局盡了最大努力，但是陳情媽媽聽不進去，她認為她是柯粉，教育局怎麼可以不接受她的陳情，讓她的小孩亞斯直升高中，她的小孩是個天才，畫畫天才，特殊教育班的小孩，不需要考試就該直升高中。祕書問我要不要見見這位不按牌理出牌的超級柯粉媽媽，對我來講，就是個有意思的陳情案件，感覺媽媽需要被治療。

媽媽帶著小朋友來到會客室，小朋友像受驚似的躲在牆角，時而在會客室走來走去，媽媽一直強迫他要乖乖的坐在椅子上，明明就不可能乖乖坐下來的小孩，媽媽為何要如此強迫要求？我詢問如何幫助亞斯？媽媽一直陳述她是柯粉，教育局不進步，聽不進她的建言。過程中，我發現媽媽很焦慮，自我要求高，擔心小孩考不上心中理想的高中，就使出全力，盧！希望教育局能如此回覆：特殊教育班的小朋友，可以不用經過考試，就可以三年國中學業成績，申請理想的學校。

經過這次會面，我變成她的心理諮商師，還預約下一次見面！真是很有趣的一位柯粉媽媽！亞斯媽媽定期來市府掛號溝通，我先打招呼後，交由祕書對談，每次一到二小時。有次亞斯隨同媽媽一起來，也許對我熟悉了，或對環境熟悉了，送我一張親手畫的畫；還有一次在我面前與媽媽起了大爭執，原來原先害羞怕生的小孩也會吵架！而且理直氣壯、義正嚴詞的訴說他自己的主張：他要參加高中會考！或許吵架聲音太大聲，碰巧柯市長路過，探頭進來會客室詢問怎麼回事？這是上帝最好的安排，柯粉媽媽如願和柯市長照相，亞斯也如願爭取到參加會考。二個月後，媽媽很高興打電話給祕書，說亞斯真的考上自己理想的高中。

我會趁周末的早上和民眾黨的另外一位立委邱臣遠，一起去運動，有時候去打籃球、有時候去爬山，有一次，我們去竹子湖，遇到一個賣小蕃茄的阿姨，那阿姨看到我就直接喊「壁如姊，妳好」，好像每個人都認識我，見到我都叫我一聲「壁如姊」。

我跟她聊小蕃茄怎麼賣、賣多少錢之類的話題，聊著聊著，阿姨跟我聊起柯文哲，她說了她對柯文哲的失望，為什麼失望？原來也只是因為，很久沒有看到柯文哲。

我說，那不然我們來照張相，妳把妳手機桌布換成我們的合照，不要用妳原本和柯P的合照了（原來她是柯粉呢），阿姨說不行，因為她女兒也是柯粉，不可以隨便換掉……

後來我發現，人和人之間，真的不需要去交換什麼利益，其實只要一聲真誠、親切的招呼，就可以很快拉近距離。

第十三章

望聞問切

好奇與好學是永遠的生存之道

素人問政長期以來是民眾黨的訴求，

素人是什麼？來自百工百業，進入政府部門如何問政？

這些素人所關切的，應該要被政府解決的事，

應該透過專業的政治人物來做。

素人會問：這個問題值得拿來廟堂之上討論嗎？我會不會問出很蠢的問題？

以素人的理念堅持，在混濁的生態圈生存

民眾黨長期以來訴求素人問政，但素人是什麼？素人來自百工百業，進入政府部門如何問政？舉凡民眾所關切的，應該要被政府解決的事，應該透過專業的政治人物來做。不幸的是，現在已經很少專業的政治人物眞正關心百工百業的事，所以，素人只好自己來。

但素人會問：這個問題值得拿來廟堂之上討論嗎？我會不會問出很蠢的問題？政治其實有個場域，許多議案的第一步，都要透過立法院推動，就法案提出專業的主張。但素人通常不懂專業的規格，法規、法案、預算，這是蔡壁如要學習、適應的地方。

政治是黑暗的，充滿欺騙、狡詐，交換、合作和背叛，往往迷惑人心，素人要過這一關「權力的迷惑」，是個考驗，也很難適應。正因如此，蔡壁如強調，民眾黨的人和錢都必須是來自百工百業，才能有所堅持、才能真正改變目前的政治生態。

辦國家治理學院，找志同道合夥伴服務百工百業

柯文哲的崛起，是因為後面有一大群的柯粉，他們都是來自各行各業，選舉期間他們熱切的來幫忙，選舉過後，這些人又回到自己的工作崗位，我覺得這樣是很健康的政治，人們還是過正常的生活，即使參與了政治，但不會因為這樣就改變了原本的生活模式。

但也有人跟我說，這樣無法持久，因為他們是志工，在選舉期間支持你，選完後，他們又回到原本的百工百業領域，想要參與公共事務，所以我們應該給他們一個公共事務的概念，真的想要從事政治，是不是應該要給他們一個更清晰的政治想法？

於是，我們舉辦了「國家治理學院」，每個月我們都到各縣市去上課。讓各地方後援會的人了解，政治究竟是怎麼回事，最好是能找到和我一樣有服務熱忱，且兩袖清風

的人，但似乎很難。有很多人跟我說要來選里長、做議員，甚至直接表明，就是要透過選舉來做生意……

我希望是因為認同我們民眾黨的政治理念才來，因為我沒有辦法和你分贓、沒有辦法讓你賺錢，我們就是希望能夠改變目前的政治文化才創立了這個黨、才在這裡堅持、才在這裡努力，我自己就要先做給別人看、當一個榜樣，不能說有一天我不幹了，或是拿了一筆錢去妥協。

所以你會發現，在每次的選舉中，我都只接受小額捐款，是來自百工百業、是真正來自民眾的錢，拿了民眾的錢，我們要做的就是盡力去維護民眾的權益，也盡量不接受某一筆大老闆的錢，因為你拿了他一筆錢，可能等於這些百工百業所有的錢，但最後就會變成只服務一個大老闆，這樣不對！我寧可去服務這一群民眾，這才叫「民眾黨」。

這是本質的問題，不管在哪一行、哪一個位置，人不會變，面對和處理問題的方法也不會變！

政治菜鳥立法院的考驗

專業也許一開始不足，但很快就會補起來，在政治這個場域，我依然「求好、好奇、好學」，不懂的，我就去學，這就是我的特質。

有人在網路上攻擊我，說蔡壁如就是一個小護士，「怎麼可能懂什麼財政之類的國家大事，她在立院的質詢一定只是在唸稿」，我們同仁看了之後很生氣，就把我在質詢時說了什麼，po到網路上，直接打臉攻擊我的人。

我心裡就在想，如果不是學那個科系的，就一輩子都不能跨界嗎？對我而言，就是不斷的學習，為了進財政委員會，我每個星期四都和顧問團開一整個下午的會，透過不斷學習，我不能說我都懂，但我願意學！

就算人家怎麼看都覺得蔡壁如就不是財政的專家，我都接受，我確實不是財經專家。不然，你去看看，那些每天在質詢官員的財政委員會委員，哪個是真正的財經專家？我也告訴自己，今天人家會來批評蔡壁如，也算蔡壁如是個咖了，否則立院這麼多立法委員，他們怎麼不去說別人？這是因為人家對你有所期待，這也是一件好事。

財政委員會相較於其它委員會的登記質詢時間特別早，早上六點三十分左右，我就會去登記，幾位前輩總是登記在我前面。委員會九點開始，尚未質詢前，我就會坐在委員席位上，開始面對面的觀察每位官員，有很認真帶一堆資料的，有低頭滑著手機的，有默默坐著打盹的，有坐著發呆的，表情、動作豐富，這是一個官場縮影，可以看出誰是老大，誰是大老，誰是 Key man，老大通常不是坐在最前面。

「觀察」是我的另一個強項。這個強項，是我在台大外科加護病房時訓練出來的，尤其心臟手術後的病人，病情的變化通常都有跡可循，不管是心電圖的變化、電解質的變化、心輸出量的變化，都可以從病人細微的表情、躁動的情緒、皮膚的膚色，看出端倪。面對病人，醫護人員一定要有「望、聞、問、切」的能力。在醫療上，我是這麼做，在政治上，我也這麼做！

很多人都說蔡壁如就是一個政治菜鳥，我虛心接受就好，但是我對自己非常的有自信，因為近距離的「望、聞、問、切」，我會去看、會去問，而且很精準！

新任金管會主委來拜訪我，我看他走進我辦公室的時候，就是一副不願意的樣子，感覺他好像不舒服，還是不甘願？聊了二句之後，我就直接問：主委，我看你臉色不太好，你不舒服嗎？如果不舒服，要不要先離開？我直接問他，他還是不太願意跟我講話，因為帶著口罩，他欲言又止。

金管會事務官的訓練，理論上很專業，但長期事務官的習慣，也讓他變得保守、開創不足，金融領域本來就保守，所以，我跟他說期待我們的金融科技 FinTech、網銀可以更開放一點？他都不回答。

政治菜鳥，立法院的考驗！新人對議事規則不熟，或許可以衝撞老鳥官員，激起立院的火花！其實對我而言，從政，不是金錢、不是名利，就是一個信念，我希望政治這條路上因為有我，變得不一樣！透過議題的倡議，可以讓選舉費用不要那麼高，可以不需要花那麼多錢在廣告看板、媒體廣告上面、不用賄賂，也可以因為政治理念得到選民的認同而當選，這樣，百工百業就有機會參與政治、就會對台灣的政治產生改變。這，就是我這個政治素人對自己的期許。

第十四章

勇往直前
就算被討厭也要不斷去解決問題

社會本身的正常化可以從對人的尊重、平等的概念來談起；

國家的正常化，有兩個階段：

一、從威權解放出來；

二、台灣作為國際社會參與的法人地位的正常化。

台灣的未來呢？

CHALLENGE

任勞任怨，只為讓國家社會正常化

民主社會本身的正常化，可以從對人的尊重、平等的概念來談起；國家的正常化，則有兩個階段：

一、從威權解放出來；

二、台灣參與國際社會法人地位的正常化。

但國家機器不見得爲人民所用，政府往往也沒有眞正爲人民服務，國外是因爲財團結構的關係，跨國企業凌駕政府之上，所以政府爲財團服務，美國、歐洲、日本、韓國，都有財團治國的現象。

台灣呢？台灣的國家機器爲誰所用？

台灣比較像是從威權解放出來，原本是爲強人服務，所以才有轉型正義，而民眾黨選擇做的是「政府的服務效能，建立在爲人民服務」之上，問的是「權力如何交到人民手上」。

爲人民服務說來容易，但政治人物任勞容易，任怨難；任怨，只是蔡壁如生命中的一個過程，盡其所能在問政期間，讓政府做到服務人民這件事。

革命是一棒接一棒，就任立委，是人生中對社會一個小小的貢獻，如果有這樣的機緣，難道不應該有些犧牲嗎？這就是蔡壁如爲民服務的初衷。

台灣主權意識，不能只淪為熱血沸騰的口號

台灣過去四百年來，從大航海時代荷蘭、西班牙、明鄭王朝、清帝國、到日本人殖民、再到一九四九年國民黨從中國大陸來台。我們仔細去算，每一個政權的當權時間，除了清帝國的二百年，就幾十年到將近一甲子，這是台灣這個島上人民的宿命，它已經不是單一文化，而是多元的，所謂的「台灣意識」其實是這四百年來，不斷不斷演變而來，每一個朝代都有那個時代的「意識」。

比如說，我們阿嬤那個年代，他們穿的是和服、講的是日語，女孩子是穿木屐的，那時人們的「台灣意識」是什麼？而國民黨來台掌權一直到政權的替換，也差不多就是一甲子的時間，台灣還是有不少人認為國民黨就是外來的政權，是殖民者。這樣看來，生活在台灣這塊島嶼上的人們真的很包容。

就大數據的觀察來說，二〇一九年開始，只要講到主權，台灣共同體的意識愈來愈具象化，特別是遇到類似中國軍機繞台事件，主權意識立刻高漲。

二〇一九年之後，統獨的意識形態已經不再是主流討論的話題，整個社會是「主權意識」，只要對台灣主權構成威脅的議題，不管政治人物也好、意見領袖也好，只要跟上這陣風，或搶占風口，社群網路討論聲量立刻飆高，甚至居高不下，很容易激起網友對台灣意識的捍衛情操。

像是二〇一九年三月三十一日中國兩架殲11戰鬥機第一次跨越海峽中線，當二〇二〇年二月十日新冠肺炎疫情正嚴重之際，又有「轟六」轟炸機再度逾越海峽中線，整個網路風向由對疫情的關心立即轉向「主權」保衛戰。

另一個有趣的現象，民意調查「遇到戰爭時，你願不願意為台灣出征去打仗？」有意願的比例，從幾年前的二三％，提升至四〇％。

「台灣主權意識」只要在媒體和網路上用喊的，呼口號就可以令人熱血沸騰，但實質的作為，卻需要冷靜的頭腦。

台灣的防疫工作做得相對國際上其他國家來得好，又有口罩外交在幫忙，所以有愈來愈多的聲量支持台灣可以加入ＷＨＯ，但實質上現在不管用「台灣」或「中華民國」名義加入，都有很大困難。我們的醫療這麼好，這是全世界都看到的事，無關乎政治、也不分貧富、貴賤、種族、膚色，醫療應該是基本人權。我也參加推動台灣加入ＷＨＯ的活動，一直在思考的是，如何突破外交困境。

像是「地方政府永續發展理事會」（ICLEI），就是由一千多個城市所共同組成，台北、高雄都是以城市名義加入，高雄還設立了東亞區的訓練中心。我們可以換個方式，以「城市」的名義，在環保、醫療等普世人權各個領域，以台灣的強項來做外交的突破，積極參與國際組織的運作，國內各界應有更多經費和人力的投入。

與其喊一個難以實現的口號，激起民眾的熱血、形塑正義被打壓的形象，我比較有興趣推展實質外交的工作。

民族主義兩極化的激情

歷代先賢先烈爭民主爭主權，冒著生命危險；現在用嘴巴喊台灣意識，就可以成為選票暴發戶，或讓選情豬羊變色。政客未必真心做些什麼，過往的經驗讓他們發現，只要能喊出可以讓民眾熱血沸騰的口號就行，中美對峙的互相叫囂，和中共對人權和民主的倒行逆施，民族主義就會引發藍綠激烈對立，根本不必費心去做事，就可以有選票了。認真問政、想方設法解決問題，不容易有高聲量或支持度，還不如喊出好聽口號的民粹動員，或是置入行銷買媒體，為什麼還要這麼辛苦去做吃力不討好的事？

這也符合執政者「口罩外交」的邏輯，不去用心讓國人可以像往常一樣，隨時隨地買口罩，只要喊出「口罩國家隊」激起國民的愛國意識，把口罩捐出去做外交，賺網路好評。事後被揭發有造假，神話破滅對照出實事求是太辛苦了，這樣既可怕、也可悲。

站在歷史時間長河的岸邊來看，我們正在台灣經歷「想像共同體」形成的過程，但這個過程，讓政客嚐到民粹的甜頭，看看英美等先進國家的民粹狂潮，台灣不能迷失在民主的岔路裡。

民族意識輕鬆易懂，國家整體大於一切，當人民實質生活變得困苦的時候、對未來不抱希望的時候，一方面是原本的物質生活得不到滿足，轉而尋求精神上的自嗨，另一方面就是排除異己找替罪羔羊。這招非常有效，以前有「腹肚扁扁也要挺阿扁」，現在藍綠雙方都很熟練民粹動員。

人民熱情的威力，透過網路的放大，遠勝以前的地下電台。群眾募資不到一天的時間募到一九〇〇萬元，要去紐約時報登廣告，讓全世界知道 Taiwan can help！就是因為悶太久了，台灣在國際上的能見度被悶太久了，我們想讓全世界看到，這股民眾熱情令人感動。

但暫時的激情，遇到現實的冷酷，是艱鉅的挑戰。政治上會遇到順利與不順利的事，會有挫折，我從政就親身經歷許多挫折和現實的限制，費心學習在理想和現實中間做修正，還要謹守核心價值，會去想，怎麼做，才能走得長走得遠、走得久。

回過頭再看二〇一八年，民進黨執政滿兩年，全台最大黨叫「討厭民進黨」，就因為那兩年的執政黨真的有想要做事，不管做得好不好，就是有在做事，包括一例一休、退休年改、同婚合法、宗教減香……。民進黨乘著民意潮流的轉向而執政之後，一旦開始改革做事就被討厭，讓人民反感、抗爭。

二〇一九年初，中共這個超級助選員，幫小英從谷底翻身。執政者開始害怕改革得罪選票，只要喊口號罵中共、抹黑對手，根本不用做事；到二〇二〇年一月十一日總統大選，狂拿八一七萬票的支持，大家都忘了一年以前，全台最大黨叫「討厭民進黨」。

柯文哲也是如此，二〇一四年的柯文哲挾著網路高人氣，打贏素人參政的第一仗，但當柯文哲開始執政做事之後，利害關係人就跑出來，各種批評也跟著出籠，就一直被討厭、被攻擊。

即使如此，我還是堅持認為，認真做事才不負選民所託。蔡英文的第二任已經沒有連任壓力，應該可以放手改革，不能忽略自己可以這樣做，應該要看到歷史的定位，而不該畏懼網路風向掀起的波瀾。

就算被討厭，也要勇往直前去做事

二〇一八年十一月二十四日九合一選舉，民進黨被慘輸嚇到，更加抓緊媒體，偏安於風向治國。總統拿到超高票數，沒有連任壓力，國會又是絕對多數的全面執政，這是把完美的改革之劍，但執政存乎一心，也可能浮現傲慢嘴臉。

二月二十日，民進黨執政團隊的第一砲，卻是突襲式要將國土計畫法修惡，幸好有民間力量做跨黨派立委的後盾，能夠阻擋下來。但接下來，紓困特別預算、前瞻基礎建設後期特別預算，都造起風向，用輾壓的方式推進。處理農田水利會之餘，順帶要把基層鄉鎮市長和代表改官派，後者有民意反對才止血滅火。七八月疫情稍緩，衛福部想利用高人氣推動健保費合理化，接著還有勞保年金問題要處理以免破產，後來發現在網路上有反彈，就又閉口不喊了。這一切，說穿了，就是看風向治國。然而，真實存在的問題，不會因為逃避而消失。

這個社會要往前走，就算被討厭，還是要有做事的人，做一個不怕被討厭的人，要能清楚自己在做什麼，只要是能富國利民的事，就應該勇往直前的去做，但什麼才是「富國利民」？什麼才是人民有感？

柯文哲以前只要講一句話、一個金句，網路上就開始瘋傳；現在要做事，不是一句話可以講清楚，做事的過程要講很多溝通的話，就回到原本說的「做事就會被罵」，這需要很強的心理素質。

要成為一個能夠解決問題的人，需要時間去熬過這個「被討厭」，不要小看真實生活中，民間口耳相傳的力量，人言可畏讓很多人不敢表達自己的真正感受。以前有街頭巷尾的耳語，後來有地下電台的規模化洗腦，再來是社群網路的貼圖謠言，常常都是醜化對方的刻板印象，用取笑貶低對手來凝聚自己同溫層的支持和拉抬聲量，產生社會對立的負面效果。我們應該放下成見和防衛，好好跟家人和親朋好友溝通，從同理對方的立場，開啟對話、相互交流了解。

在野黨可以誇大執政的錯誤來博取聲量，但我在國會堅持做實事，紓困措施要分級分流，教大家怎麼寫四〇一表格，幫銀行的紓困成果打分數，不吝鼓勵做得好的部會和公營機關單位，既然執政黨沒有做，就讓在野的來做，設立紓困的監督中心，這是和人民的生活直接相關，協助政府達成「有效的施政」。

我帶領團隊做這些成果不容易，也少有媒體掌聲，更容易因為網軍操作黨內的瑣碎議題而失焦，但我們還是堅持，只要做對的事，對得起自己的良心，不信公義喚不回。

到今天台灣的民主轉型也已經走過二、三十年，也經歷過很多次的總統大選，但我們有沒有真正到達所謂的「民主」呢？有幾個觀察點：

⑴ 我自己參與了兩次選舉，我們走到一些比較偏遠的地區，當地人跟我說，你們一定要靠買票，才能選上，那你能真的相信我們中華民國台灣已經走向民主了嗎？

⑵ 如果你聽到的是，我們每次選舉都要綁樁腳、都要動員，還要辦大型的造勢活動，才能當選，你真的相信我們中華民國台灣已經走向民主了嗎？

過去三十年來台灣走過的民主歷程，我們當然要珍惜，就國家的國名來講，我們還是很混淆，到底我們國家的名稱叫什麼，「中華民國台灣」應該沒有人反對，「台灣」應該也沒有人反對。

我們的憲法一直沒有全盤大修來適合台灣的情境，這部憲法是民國三十六年在南京制定的，一直到現在，國民黨有些人還是很堅定的認為，只要用憲法增修條文即可，如果要動這國之根本大法，就還是要等回到南京後，才能更動或修法，這種存在於基礎上的溝通障礙還很多，台灣民主改革的每一步都很艱困。

台灣進入網路民主的成長加速期，是最好的時代，也是最壞的時代，假訊息、假新聞層出不窮，政府出口轉內銷的媒體操作鋪天蓋地，躲在鍵盤後面散播不實消息的網軍很多。網路公民的素養，需要適當利用網路工具和平台的特性，加強資訊公開和民眾參與，將大量數據資訊圖像化、易讀化，提升公民識讀能力。

鍵盤操弄民粹，台灣民主成熟了嗎？

我們還是在學習的過程當中，我們來檢視自己，從威權轉型到全盤修憲的討論，當選舉還要政策綁樁、要買票賄賂，當選舉經費這麼高、青年參政有那麼高的門檻，你真的認為，台灣的民主已經成熟了嗎？台灣真的成為民主國家了嗎？這些都是我一個素人參政到擔任立委，一直都有的疑問。

網軍躲在鍵盤後面操弄民主、民粹的做法，當權者透過社群媒體操弄風向，通往民主的岔路，台灣究竟會走多長、多久？如果我們的選舉經費還是要如此的高，既是貪腐的溫床，也讓既得利益盤據政壇，無法新陳代謝，絕非健康的民主，這些都是我們政治工作者想要去改革的事。

比如說，柯文哲選台北市長的時候，就因為他說過一句「兩岸一家親」，在網路上就被大量帶風向是「舔共」、貼標籤是親共人士，在網路上一而再、再而三的重複大量傳播，現代版的「曾參殺人」。

有篇網路媒體文章，只因為柯文哲說這個疫情「紐約比武漢危險」，就把柯文哲形容是仇視美國。其實他也講過「親美友中」這樣的話，但只因為他講出事實，指出美國政府防疫作為鬆散，導致紐約疫情擴大，就被網軍攻擊是一個仇視美國的人，而且還是親共的同路人。諸如此類的事層出不窮。

像是二〇一九年選舉的時候，大家都覺得要把黃國昌留在立法院，雖然有些觀點不一樣，我也蠻欣賞他的問政，卻有人在網路上操作「保黃（國昌）棄蔡（壁如）」。其實我們應該共同把第三勢力的餅做大，而不是互相搶票，就像是「小朋友才做選擇，我全都要」。其實在立法院，我們小黨有很多法案密切合作，包括《公共衛生師法》立法、阻擋《國土計畫法》修惡、《礦業法》全盤大修、推動修憲擴大公民權到十八歲等等。

所以，台灣如果要真的走向民主，我認為必須是有三個共「融」的社會，第一是共同「容」忍，就是說我不同意你的觀點，但我尊重你的說法，而不是為了鏟除異己，因為不喜歡某個人或政黨，不喜歡你講的話，或是為了選舉的攻防，就幫他羅織入罪。

像高雄市議員吳益政代表民眾黨參選市長補選，他十八年的問政，與進步的公民團體站在一起，推動台灣第一個地方政府的綠建築自治條例立法，並和跨黨派議員合力完成許多環保政策成果，被高雄市公民監督聯盟評為第一名的議員，也做出台灣第一本達到聯合國永續發展目標（SDGs）的市政白皮書。

但是，網軍就直接抹紅吳益政，抹殺他的進步形象。當網軍可以用扭曲的方式，用一句話殺人，我們與民主的距離還有努力的空間。

第二個共「融」，是共同融合在一起，像台北市公園有很多共融式遊具，在同一個公園裡的遊樂設施，可以同時讓九個月的幼童到九十歲的老人玩在一起，連身障者都可以享用。我們要表達的概念是，這是一個可以融合不同族群的社會，讓多樣性可以融合共存的呈現，更重要的是，這個融合，是在選舉時，可以不被意識形態操弄或打壓異己，可以在同一個平台上對話。

也因為有了第一個「共容」和第二個「共融」，我們才會有第三個「共榮」的社會，台灣的社會才會進入一個繁榮的社會。有民主的素養，有真正表達主張的空間，社會才能發揮無拘無束的創意，讓經濟有創新的動力。我認為，這才是真正民主社會的體現。

我年過半百，意外的從政，面對人生不一樣的挑戰，一本初衷，勇於接受挑戰，把事情做到最好。我想做的，只不過就是給人民一個「正常化的國家社會」而已。

PEOPLE 453

拚，就一定要贏：蔡壁如驚奇人生的14個挑戰

作者—蔡壁如、楊惠蘭
潤稿整理—李世偉、廖婉婷
副主編—謝翠鈺
編輯—廖宜家
美術編輯—李宜芝
封面設計—陳文德
封面LOGO提供—邱顯洵

董事長—趙政岷
出版者—時報文化出版企業股份有限公司
108019台北市和平西路三段二四〇號七樓
發行專線—（〇二）二三〇六六八四二
讀者服務專線—〇八〇〇二三一七〇五
（〇二）二三〇四七一〇三
讀者服務傳真—（〇二）二三〇四六八五八
郵撥—一九三四四七二四時報文化出版公司
信箱—一〇八九九　台北華江橋郵局第九九信箱
時報悅讀網—http://www.readingtimes.com.tw
法律顧問—理律法律事務所　陳長文律師、李念祖律師
印刷—紘億印刷有限公司
初版一刷—二〇二〇年九月三十日
定價—新台幣三二〇元
缺頁或破損的書，請寄回更換

時報文化出版公司成立於一九七五年，
並於一九九九年股票上櫃公開發行，於二〇〇八年脫離中時集團非屬旺中，
以「尊重智慧與創意的文化事業」爲信念。

拚，就一定要贏：蔡壁如驚奇人生的 14 個挑戰 / 蔡壁如、
楊惠蘭作 . -- 初版 . -- 臺北市 : 時報文化 , 2020.09
面；　公分 . -- (People ; 453)

ISBN 978-957-13-8367-5(平裝)

1. 蔡壁如 2. 臺灣傳記 3. 臺灣政治

783.3886　　109013412

ISBN 978-957-13-8367-5
Printed in Taiwan